Bonne lecture !
2012

PAPA

24/7

Pour Éric
Voici mes délires
de papa !

GO LES
PAPAS !

Martin Larocque

PAPA

24/7

ÉDITION SPÉCIALE

LES ÉDITIONS DE LA
BAGNOLE

Conception graphique et mise en page : Folio infographie
Révision et correction d'épreuves : Michel Therrien
Illustrations : Geneviève Després
Photo : Yanick MacDonald

ISBN 978-2-923342-26-9

Dépôt légal 2008
Bibliothèque et Archives nationales du Québec
Bibliothèque et Archives Canada

LES ÉDITIONS DE LA BAGNOLE
Groupe Ville-Marie Littérature Inc.
Une compagnie de Quebecor Media
1010, rue de la Gauchetière Est
Montréal (Québec) H2L 2N5
Tél. : 514 523-1182 ◆ 514 282-7530
Courriel : vlm@sogides.com
leseditionsdelabagnole.com

DISTRIBUTION EN AMÉRIQUE DU NORD
Canada et États-Unis :
Messageries ADP*
2315, rue de la Province
Longueuil (Québec) J4G 1G4
Pour les commandes : 450 640-1237
www.messageries-adp.com
*Filiale du Groupe Sogides inc. ; filiale du Groupe Livre Quebecor Media inc.

À toi.

Oui, oui,
à vous trois aussi.

« C'est là où la fonction paternelle aujourd'hui est passionnante. Elle n'a aucune norme. »

Alain ETCHEGOYEN

PRÉFACE

Nous consacrons, en moyenne, de seize à vingt années d'études ardues, de lectures arides, de recherches abstraites – auxquelles s'ajoutent des périodes de formation d'appoint, de stages spécialisés et autres séances de tous genres – à l'acquisition des connaissances et compétences requises à la pratique d'un métier.

Nous admettons d'emblée que le déploiement de tels efforts, si astreignants soient-ils, est absolument nécessaire à la satisfaction des exigences de l'occupation choisie.

Or cette occupation, quelle qu'elle soit, s'exercera en moyenne quarante heures par semaine. Les conséquences de certaines erreurs ou d'un rendement inadéquat peuvent demeurer relativement limitées. Au pire, on vous mutera ou on vous invitera à aller essayer autre chose ailleurs !

Mais le métier de « père », cette occupation 24/7, cette profession dont la pratique n'est encadrée d'aucune structure organisée (y en aurait-il une qu'elle serait aussi vite ignorée), expose continuellement ceux qui l'exercent à un lot de pièges aux conséquences parfois désastreuses. En outre, ce métier, de loin le plus important qu'il nous aura été donné d'exercer, ne fait l'objet d'aucune préparation formelle malgré ses effets si déterminants sur notre société. On n'est pas diplômé « père ». On le devient. L'émotion des premiers moments cède assez vite le pas aux préoccupations, à l'inquiétude et même à un certain affolement !

Jusqu'à il y a à peine cinquante ans, tout paraissait plus simple, me semble-t-il. Notre société dite matriarcale confiait à la mère – généralement confinée à la maison – le rôle de gestionnaire des affaires courantes du ménage, incluant bien sûr celle de l'éducation des enfants. Le père assumait surtout le rôle de pourvoyeur tout en conservant l'essentiel du pouvoir. Position plutôt confortable. Les jeunes femmes arrivant dans la mouvance sociale des années 60 ont revendiqué une distribution plus équitable des tâches. (Qui leur en voudrait ? Ne sont-elles pas mobilisées de facto à l'opération « gestation » ?)

Ces dernières ont graduellement acquis une formation professionnelle leur permettant d'assumer des responsabilités plus grandes, alors que les jeunes hommes... sont demeurés essentiellement aussi mal préparés que leurs prédécesseurs à cet inévitable élargissement du rôle de père qu'allait leur imposer cette nouvelle donne.

L'auteur appartient à cette classe de néo-papas qui ont refusé la tolérance de cette espèce de vide juridique à l'égard de leur rôle traditionnel et ont pris plutôt le risque d'une participation proactive à cette mission, certes éreintante, stressante, exigeante, et même effrayante, mais aussi combien exaltante que représente la lente constitution de jeunes adultes équilibrés. Ils sont devenus pères par choix en acceptant tout ce qui vient avec.

Martin résume très bien l'essentiel de sa vision en écrivant : *« J'ai un mandat de père, celui de livrer à la société, lorsqu'ils auront 18 ans, de jeunes adultes en bonne santé d'abord, puis des êtres capables d'exprimer leurs sentiments et de se faire clairement comprendre par tous. Après, ils feront ce qu'ils voudront. Non mais, c'est vrai, c'est finalement ça, mon travail de père. »* J'ajouterai, pour le bénéfice des jeunes pères, que le contrat va bien au-delà de 18 ans… Mais bon !

Cet ouvrage présente, en vrac, les chroniques de Martin publiées dans le magazine *Enfants Québec*. Des réflexions qui ont amené Martin à mieux définir le rôle de père qu'il entendait assumer et les démarches qu'il entreprend quotidiennement pour en assurer la mise en œuvre.

Les textes ont à la fois un caractère candide et réaliste, et l'humour, bien maîtrisé, qui les assaisonne à petites doses fait sourire. Le réalisme et la transparence priment : pas de vision tout en rose… ni tout en noir. Que du GBS. Les propos de Martin invitent à la réflexion. Il y a d'ailleurs celle-ci, qui m'est venue tout naturellement : « Comme il est rassurant de réaliser à qui je cède la place ! »

Réjean Larocque
Père et grand-père

INTRODUCTION

Un corridor de Radio-Canada, quelque part en 2004. Dialogue entre Martin Larocque, chroniqueur culturel à la radio et nouveau papa, et Ève Christian, météorologue à la radio et, à ce moment-là, rédactrice en chef du magazine *Enfants Québec*.

Martin : C'est beau votre magazine, j'adore le lire. Mais il y a quelque chose qui me chicote : il s'adresse juste aux mamans. Il s'appelle *Enfants Québec* et non pas *Mamans Québec*, à ce que je sache.

Ève : Tu trouves ?

Martin : Je ne trouve pas… c'est un fait. Tous vos propos sont juste adressés aux mères.

Ève : Mais c'est les mères qui achètent notre magazine.

Martin : Pas vrai, je l'achète, moi.

Ève : Oui mais toi… ? ! !

Martin : Quoi moi ? C'est pas parce que je tricote et que je regarde Oprah que je suis différent… (Silence.) Pis je gage que c'est juste des femmes qui sont à la rédaction ?

Ève : (Temps.) Ben oui.

Martin : C'est ça, le problème. Pis en plus, des fois vous parlez au nom des pères. Qu'est-ce que vous connaissez là-dedans ?

Ève : Je sais pas… je… je crois que… Ah ! pis si t'es si fin que ça, écris donc, toi, sur la paternité ! Je te donne une page !

Martin : (Temps… regret d'avoir encore trop parlé…) D'accord. Je vais le faire (double regret d'avoir trop parlé… orgueil, quand tu nous tiens)… mais j'ai carte blanche ?

Ève : Oui, mais tu t'adresses aux pères seulement.

Martin : (Les doigts croisés dans le dos.) Oui, oui !

Fin de la scène.

Un papa voit donc sa vie chamboulée avec l'arrivée d'un nouveau… contrat. Celui d'écrire sur sa paternité.

Ce livre, qui se situe entre la réflexion, l'observation, le pamphlet et le délire, contient un peu de tout. C'est moi et son contraire. C'est ma paternité en noir et en fuchsia.

Quand quelqu'un des médias me dit : « Vous, vous devez être un bon papa ! », je m'empresse de répondre : « Non… mais j'aime être papa. » Il y a toute une nuance. Bonne lecture.

Chapitre 1

METTONS LES POINTS SUR LES i

L'ANIMATEUR VEDETTE

Sur certains sujets, je suis intraitable.

L'animateur de radio était très familier avec moi. Un peu trop, même. Mais bon, il y a toutes sortes de radios. Je donnais une entrevue parmi tant d'autres sur… je ne me rappelle plus quoi. Mais, comme cela arrive souvent lorsqu'on m'interroge, la discussion a tout à coup dévié sur la paternité. Vous savez comment sont les hommes : ils aiment qu'on leur demande comment ils se sentent (!) en tant que père. L'animateur me demande donc comment je vis ma paternité. Je lui réponds, entre autres choses, que je prends mon rôle très au sérieux, que je ne souhaite pas être l'ami de mes enfants, mais leur père. À ce moment-là, j'entends un silence… radiophonique. Puis il me dit, sur un ton que seul peut avoir ce genre d'animateur, comme si on avait élevé les ornithorynques ensemble, que c'est de la bullshit, que d'entendre quiconque lui donner ce genre de réponse lui fait toujours l'effet d'un poignard qui lui traverse le corps. Coudonc, est-il en train de me traiter de menteur ? « Traitez-vous tous vos invités de la même façon ? Essayez-vous toujours de leur faire sentir qu'ils ont tort ? » Malaise. Mais il ne sait pas à qui il s'attaque. Ce n'est pas vrai que l'animateur vedette me mettra en boîte. Et je sens qu'il veut que je réponde quelque chose comme : « Mon Dieu que vous avez raison, ô animateur vedette ! J'essayais juste de bien paraître parce que je suis une personnalité publique ! » Bullshit. Je m'élance. Et je lui fais un discours, mais un discours ! Je lui demande de faire l'exercice de définir ce qu'est, selon lui, un ami et un papa. « Quel rôle acceptons-nous de jouer lorsqu'on nous met dans les bras cette petite chose bleue qui sent le placenta et tout l'argent que ça coûtera pour l'envoyer à l'école ? Nous sommes-nous vraiment questionnés avant d'avoir un enfant ? Quelle sorte d'engagement sommes-nous prêts à prendre envers celui qui nous fera voir les nuits comme jamais auparavant ? Savez-vous dans quoi vous vous embarquez ? Avez-vous questionné vos chums de gars qui sont papas autour de vous ? Ou bien vous faites un enfant parce que c'est *cute* et que ça va tellement bien à votre blonde ? » À ce moment-ci, l'animateur vedette essaie de m'interrompre, mais trop tard, je suis pompé et je me fiche éperdument de tout le décorum radiophonique. Je suis sur une lancée : « Est-ce que pour vous, faire un enfant, c'est comme doubler une voiture par la gauche ? On regarde dans l'angle mort et on fait ensuite la manœuvre en fermant les yeux, en espérant juste que tout ira bien ? On prend un risque ? Je n'ai aucun désir de tuer le plaisir dans l'œuf. Mais je vois trop de parents dépourvus qui regrettent. Pas l'enfant, mais leur geste précipité. Le *timing*, comme disent les Chinois. Savez-vous combien d'enfants visitent les foyers d'accueil ? À peine le temps de défaire sa valise et hop, on est reparti. Comme dans un mauvais voyage organisé. Adulte, ça passe. Mais quand on a 2 ans ? Il y a des parents qui n'ont pas eu les ressources avant, pendant ou après l'arrivée du bébé pour s'armer face à cette vie si… différente ! J'ai eu, moi aussi, de grandes journées de lassitude paternelle. Mais, malgré l'épuisement, les surprises quotidiennes, la culpabilité, les horaires dingues, les chicanes de couple à propos d'on-ne-sait-plus-trop-quoi, malgré toutes ces réalités qui nous rattrapent au passage et qui nous rappellent que nous sommes bien peu de chose face à la vie, malgré tout ça, ne touchez pas à mes enfants. Je suis devenu un loup en devenant papa. Ces trois petits bouts d'homme m'ont donné plus que la vie elle-même. Ils sont du matin au soir une belle façon que j'ai trouvée de me définir. Ils

sont un souffle quand je suis essoufflé d'être moi-même.
Ils sont trois grands humoristes qui s'ignorent. Ils sont
des psychologues naturels. Ils sont ma voile et mon vent.
Ils sont l'encre de mes souvenirs. Ils ont des bras puis-
sants qui me soulèvent. Leurs sourires et leurs bobos
sont ma batterie. C'est comme ça que je définis ma
paternité. » Et je conclus en disant : « Parce que moi, j'ai
choisi. Et toi ? As-tu choisi ou tu subis, et tu chiales que
c'est donc difficile d'être papa, et que ça coûte donc cher
d'avoir des enfants ? » À la radio, il y a alors un silence…
Re-malaise. Puis, l'animateur vedette me dit, *texto* (je
vous le jure !) : « Tu fais chier. » Je pense qu'on s'est
compris.

LA FÉMINISTE

Je ne revendique rien… j'ai trop de lavage.

Hier, je l'ai rencontrée, la vraie. La pure et dure. C'était la première fois que j'en voyais une en personne. Une qui parlait. Remarquez que, dans ce cas-ci, parler est un drôle de mot. Une féministe comme ça, ça ne parle pas. Ça revendique. Ça chiale (ce sont ses termes !). Une vraie, vous dis-je. Tous ses mots finissaient en « E ». Elle avait 55 ans, et tout son monde n'existait que depuis 30 ans. Et, croyez-moi, elle l'a répété plus d'une fois pendant la soirée : « Depuis 30 ans… » J'ai aimé la rencontre. Non, vraiment ! C'est une femme qui parle bien. Non. Qui discourt bien. Qui discourE bien. BienE. Enfin… Mais il y avait un irritant dans son discours et j'ai été égratigné.

Nous parlions de parentalité. Et la féministe avait de la difficulté à parler des hommes qui ne sont pas de sa génération. Elle parlait des nouveaux pères comme on parle des Martiens : « C'est possible qu'ils existent, mais je n'en ai jamais vu. » Pourtant, j'étais juste là, devant elle… Elle ne me voyait pas. J'étais une théorie qu'elle avait baptisée « le père nouveau »… Je me sentais comme le beaujolais nouveau. Pas avec autant de caractère qu'un vrai bon beaujolais, et pas avec beaucoup d'avenir non plus. Dans sa bouche, j'ai senti que j'étais une menace. Une présence désagréable. La féministe n'était pas contente ! J'ai l'impression qu'il n'y a rien de pire pour une féministe de 55 ans (pas toutes, mais elle, oui !) que de devoir mettre de l'eau dans son vin. Selon elle, c'est grâce aux démarches des féministes que je peux revendiquer le droit à la paternité. C'est grâce à ses efforts déployés durant 30 ans que je suis père aujourd'hui de la façon dont je le suis. Je suis père parce qu'elle l'a bien voulu, autrement dit ! Si elle ne l'avait pas voulu, je serais semblable aux pourvoyeurs des années 70, dont le rôle se résumait à répondre, une fois à la maison, au très répandu « Attends que ton père arrive… ». Ce qui m'embête là-dedans, c'est que ce mouvement des pères semble

n'avoir rien de normal. ET SI C'ÉTAIT NORMAL ?
La féministe ne serait pas contente !

On n'a qu'à lire sur l'histoire de la paternité. Le rôle du père a tellement changé dans la famille au cours des dernières décennies que le balancier devrait normalement revenir. Et le père devrait reprendre sa place dans la famille... Je ne sais pas encore de quelle façon. Je ne veux pas croire que les pères en général se plaisent à ne pas prendre au sérieux leur rôle et leurs responsabilités. Je sais que c'est encore flou, la paternité du vingt-et-unième siècle. On ne sait pas encore quelle sera la place que les pères vont prendre, mais ça se dessine bien, je pense qu'elle sera importante. Je n'enlève rien au féminisme (je n'oserais pas !). Et surtout, n'écrivez pas pour m'engueuler. Laissez-moi croire que je fais partie d'un mouvement positif et NORMAL. Je ne veux surtout pas renier 30 ans d'histoire. Je crois que ma génération de gars n'a pas envie de revendiquer quoi que ce soit, mais plutôt de prendre sa place sans demander la permission à la société ; de reprendre sa place en collaboration avec l'autre personne du couple. Voilà. Salut, la féministe ! Et merci pour hier. C'était formidable. Vraiment.

LES BÉBELLES DE NOËL

10 bébelles × 10 bébelles = 100 gros ennuis

Des fois, je passe pour un hurluberlu, voire un père cruel, quand je demande aux invités qui viennent souper durant le temps des fêtes de ne pas apporter de cadeaux pour les enfants. Et je passe d'autant plus pour un père inconscient de l'événement lorsque j'insiste. Oui, j'insiste très fort pour ne pas être envahi de bébelles qui dureront moins longtemps que le plaisir de jouer avec la boîte qui les contient. Et qui elle aussi me fera passer pour un consommateur excessif quand mes voisins l'apercevront dans mon bac de récupération. Des fois, j'aurais le goût de rester à coté du bac pour dire des choses aux gens qui passent : « Ça c'est pas de moi, ça vient de nos amis qui n'ont pas d'enfants et qui ne voulaient pas avoir les enfants dans les jambes pendant la soirée. » « Ça, ça vient des grands-parents qui un jour m'ont interdit de les empêcher de gâter leurs petits-enfants. » « Ça, ce cadeau cher, c'est celui de mon ami gay qui a beaucoup d'argent et qui trouvait le jouet très design et pratique, mais qui a juste oublié que le bébé a

3 mois. » « Pardon ? ? ? Mais bien sûr que je leur en donne, des cadeaux. C'est Noël, non ? ! ? Pour qui vous me prenez, madame, monsieur ? Je suis leur PÈRE, moi ! ! ! Mais moi je ne suis plus comme ça. Je suis un petit-père-de-Noël-parfait. Je me rappelle très bien cette époque pas si lointaine où, juste avant Noël, ma femme et moi nous nous rendions au Toys "R" Us pour acheter des cadeaux et surtout calmer notre inquiétude de ne pas en avoir mis assez sous le sapin (c'est beau, un sapin avec plein de boîtes en dessous… ça fait tellement Noël !). Puis cette visite de dernière minute au ROYAUME DE LA PIASTRE (parce qu'on avait dépassé notre budget) pour garnir encore un peu les bas de Noël. Car c'est tellement agréable de recevoir des cadeaux complets. Avec une petite réserve de piles, pis l'affaire qui n'est pas incluse mais qui va avec et que tout le monde a. Aujourd'hui, je suis un petit-père-de-Noël-parfait. Ne partez pas, madame, monsieur ! Laissez-moi vous expliquer ! Voyez-vous, maintenant j'essaie de viser dans le mille.

J'ai trois enfants. Chaque enfant reçoit facilement dix bébelles, pendant le temps des fêtes. Et si j'ajoute à ça leurs anniversaires, à l'occasion desquels on invite les copains et les grands-parents, ils reçoivent encore une dizaine de cadeaux chacun. Et il y a toutes ces petites fêtes comme Pâques, la Saint-Valentin, le début de… et la fin de… (et il y a sûrement la Saint-Machin que j'oublie) pendant lesquelles ils vont recevoir deux ou trois bébelles. Et la fois où ils ont été si tranquilles au centre commercial que je leur ai dit de se choisir une bébelle chacun, mais juste une. Calculez, madame, monsieur. Ça fait, à peu près, cent nouvelles bébelles par année. Et là je passe les ventes de garage et la visite de la tante des États-Unis. Parce que ça … c'est pas pareil… ça compte pas. Je sais que c'est la fête. Je suis au courant de l'importance des rituels. De marquer le passage du temps. Mais sachez que je ne les laisse pas les mains vides, les gens qui veulent absolument marquer le temps et célébrer la vie sous toutes ses formes et qui veulent absolument offrir quelque chose à mes enfants.

Dans ce cas, je me permets de leur faire une suggestion de cadeau : DU TEMPS. Qu'ils donnent du temps agréable à mes enfants ! Qu'ils les emmènent au cinéma, à la piscine, au resto, dans les manèges du centre commercial ! Vous devriez voir les yeux de mon deuxième quand je lui dis qu'on va aller manger un beignet et faire un tour d'auto de course au centre commercial. Les enfants n'en ont rien à cirer des jouets éducatifs et des nouveaux cossins dernier cri. Ils veulent s'amuser avec quelqu'un. Ils veulent du temps spécial avec quelqu'un de spécial pour le temps des fêtes. Un temps où ils peuvent parler du dernier dragon qu'ils ont tué ou de la fois où ils ont eu un gros bobo, là, sur le genou et qui est parti comme par magie, et même se confier, comme raconter la fois où "papa était pas gentil et m'a fait pleurer". Un temps où on ne leur couperait pas la parole pendant qu'ils parlent, où on les laisserait dire toutes leurs interminables phrases sans les emmer- der avec des "c'est beau... mais dépêche-toi, papa est pressé". Que ça doit être frustrant à la longue ! Ils n'en ont rien à foutre du temps d'adulte. Ce serait du temps d'enfant. Où il n'y a pas de "dépêche-toi". Juste du temps pour faire en enfant des choses d'enfant.

Voilà, madame, monsieur... mais oui allez-y, c'est vrai qu'il fait froid... Au plaisir et joyeux temps des fê... Un cadeau pour moi ! ?... Oh ! Merci ! C'est gentil, ça... »

HISTOIRE D'HORREUR

Ce texte peut ne pas convenir à des pères de tous âges.
Mères, s'abstenir. Quoique…

Voulez-vous entendre une histoire d'horreur ? Une vraie ? Oubliez toutes vos références. *Rosemary's Baby*, *The Shining* ou *The Gomery Commission*, ce n'est rien à côté de ce que je vais vous raconter ! Non, non. Je vous parle d'une histoire d'horreur que même Stephen King n'aurait jamais eu le courage d'imaginer. Ah ! Et puis, allez coucher les enfants !

J'étais dans un magasin de vêtements pour enfants, en train de choisir un habit d'hiver pour mon benjamin. J'avais sélectionné un beau modèle, pratique et apparemment confortable. Mais j'hésitais entre le rouge et le vert. Au comptoir, au moment de payer, j'étais encore indécis. Je consulte mon fils. Il s'en fout pas mal… Constatant mon hésitation, la vendeuse se transforme soudainement en monstre hideux et dit, d'une voix d'outre-tombe : « Je vais les laisser derrière le comptoir et quand madame pourra, elle viendra choisir. » AAAHHH !!! Je vous avais prévenu que c'était une histoire d'horreur. Quoi ? Vous n'avez rien vu ? Bon. On repasse la scène au ralenti. Regardez bien. Au moment où je suis au comptoir, la vendeuse-monstre-hideuse dit : « Madame viendra choisir. » Ça ne vous fait pas frissonner, vous ? Le père en moi se sentait comme dans un film de série B. Même si tu vois la fermeture éclair dans le dos des monstres, tu fais quand même le saut quand ils font « bouh ! ».

Ce n'est pas parce que j'hésite un peu que je ne suis pas capable de choisir !

Je sais que ce n'est pas la faute de cette pauvre vendeuse. Elle est très influencée par toutes les rumeurs qui disent que les gars ne connaissent rien aux couleurs. Voulez-vous une autre scène de ce même film d'horreur ? (Pères sensibles, s'abstenir.) Je suis devant la vitrine d'un magasin de vêtements pour enfants. Je vois une belle salopette. Je dis à mon aîné : « Aimerais-tu ça, l'avoir ? » Et lui, de demander : « Est-ce que maman veut ? » Ahhh… Enfer et damnation… Mon fils est possédé ! Un enfant du vingt et unième siècle tenant ces propos effrayants ! ! !

Mon analyse, c'est qu'il y a des pensées confortables dont on ne veut pas se défaire. Exemple : « Les papas ne savent pas habiller les enfants. » Mais on ne saura habiller les enfants que lorsque les mamans accepteront qu'on ne les habille pas de la même façon qu'elles ! On ne les habille pas plus mal ; juste différemment. C'est peut-être une NOUVELLE façon de faire. Trouvez-moi les *Lois de l'habillement* et je vous jure que si ça existe, je les apprends par cœur !

Pauvre madame... Elle faisait juste son travail ! Ce n'est pas sa faute si ses références datent de 1952 en matière de parentalité. Ce n'est pas sa faute si personne ne lui a dit qu'un père n'est plus juste un autre enfant dans la famille, quoi qu'on en dise dans les médias. Ce n'est pas sa faute si personne ne lui a dit que, dans un avenir « genre maintenant », les pères sont aussi responsables du petit tous-les-jours de leurs enfants. Je n'ai pas besoin de m'attacher sur le pont pour faire passer mon idée, j'espère ?

C'est vrai, quoi! Les mères n'ont plus à valider nos choix. (Je sens qu'elles vont se mordre les lèvres de dépit.) Si je prends en charge le choix de l'habit de neige… je prends en charge le choix de l'habit de neige! Le «je» n'incluant que moi-même.

De retour à la maison, j'ai vu dans les yeux de ma blonde qu'elle aurait pris le rouge. Elle s'est mordu les lèvres… et c'est très bien!

THE END

OUICHÉRIE

Quand tu vas revenir ce soir, chérie,
notre enfant sera encore vivant.

Au début, je vivais intensément le « ouichérie ». Les départs de ma blonde étaient ponctués de « ouichérie ». C'était, je pense, une musique rassurante pour elle. Un genre de samba parentale « tchick, tchick, ouichérie ».

En fait, le « ouichérie » était le refrain de la chanson dont le couplet ressemblait à « noubliepasde ». « Noubliepasde » lui donner son sirop, « noubliepasde » l'habiller comme il faut, « noubliepasde » lui donner à manger… « Ouichérie. »

Je pensais sincèrement que cette samba était normale. Un jour, j'ai réalisé que je ne dirigeais jamais cette danse. Et je me suis rendu compte que ma blonde ne partait jamais entièrement heureuse. Et Dieu sait que partir seul, sans enfant, peut être une source d'euphorie, de bonheur et d'exaltation. Ça l'est pour moi. Eh bien non, pas pour elle. Toujours ce petit œil inquiet et tous ces « noubliepasde ».

Ce qui m'agaçait le plus, ce n'était pas sa culpabilité de partir (j'ai parfois l'impression que ça fait organiquement partie d'une mère), mais le fait qu'elle ne me considérait pas comme « dans son équipe » et qu'elle oubliait que nous avions le même but : nous assurer que nos enfants se rendent à la fin de la journée vivants.

Non mais, pensez-y… Vais-je vraiment oublier de leur donner à manger ? Si oui, croyez-moi, ils vont me le rappeler assez bruyamment, merci. Si j'oublie de les habiller, je réaliserai sûrement à un moment ou à un autre que leur pyjama n'est pas la meilleure tenue pour aller chez le dentiste. Et même si je les habille, je ne m'en sors pas plus… Il y a toujours les codes de couleurs et de textures. Pour moi, c'est simple. Si tout est vert, ça va très bien ensemble. Eh bien, non ! Il semble que même les verts ne s'entendent pas entre eux. Dites donc, mes enfants, je les habille pour moi, pour eux ou pour les autres ? Je ne pose pas cette question à la légère. Elle me préoccupe vraiment !

Et est-ce si grave si je ne fais pas les choses comme ma blonde ? Parce que c'est une expression bien courante : « Les pères, ils font donc pas comme nous. » Et pourquoi faudrait-il faire comme les mères ? Je ne parle pas de défaire l'horaire et les habitudes que nous avons si bien instaurés et avec lesquels les enfants sont si à l'aise. Mais qu'y a-t-il de mal à ce que je fasse les choses à un rythme différent, avec d'autres mots et d'autres méthodes ?

« Nonchérie, tu n'as pas à t'inquiéter. Ils seront encore vivants, ce soir, lorsque tu reviendras. » On doit se donner la chance d'apprendre. L'expérience, ça ne s'enseigne pas. Je dois, parfois, être absolument seul avec eux et sentir que j'ai pleinement confiance en mes moyens. Je ne veux pas me sentir comme si j'étais en train de les garder. Parce que JE NE GARDE PAS MES ENFANTS… Je suis leur papa. J'ai quand même participé à leur conception ! J'ai bien le droit de trouver ma chanson !

Bon, me voilà en train de revendiquer mon droit à l'erreur en tant que papa. Je suis fatigué et irrité du discours sur le père incompétent et maladroit, et ce, pour plusieurs raisons. D'abord, parce qu'il y a de plus en plus de pères très compétents. Ensuite, parce que je connais bon nombre de mères maladroites. Et enfin, parce que tout ce qui compte, c'est le désir d'être le meilleur parent possible. Toutes ces publicités où l'on honore « D^re Maman » et où l'on infantilise le père me tuent ! Si on laissait la chance à tous ces papas de faire leurs preuves… Lorsqu'on discute entre pères, j'entends plus souvent qu'autrement parler d'abandon. « Elle

tenait tellement à le faire à sa façon que j'ai aban-
donné… » Ça m'attriste. J'ai le goût de devenir un moti-
vateur pour pères, voire un coach qui crie derrière le
banc des joueurs : « Go, go, go, lâche pas, t'es capable ! »
Parce qu'on EST CAPABLES. C'est évident ! Dur à
prendre, n'est-ce pas, mesdames ?

LE GROS BON SENS

As seen on TV

Tous les jours, nous sommes obligés, en tant que pères, de réagir à des situations pour lesquelles nous ne sommes pas formés. Cela demande même des réflexes d'athlète olympique. Il faut dire que les crises de mes fils ne sont habituellement pas prévues à l'agenda. Nous nous devons d'être rapides. Et c'est dans ces moments-là que je stresse. Pourquoi ? Entre autres parce qu'il y a une prolifération de professionnels qui nous atteignent par toutes les voies médiatiques possibles et qui savent exactement comment sont nos enfants et qui nous montrent comment on devrait intervenir. Il y a toujours un docteur Machin ou un psychologue Chose qui a le remède à tous nos problèmes de parents. La solution miracle à tous nos bobos de papas. Ça ne fait qu'ajouter à mon stress parce que quand un problème surgit, et que nous nous sentons désemparés, nous sommes aussi désemparés par le fait que nous ne devrions pas être désemparés puisqu'on nous a dit précisément quoi faire à la télé !!! Cela voudrait dire que la prochaine fois que votre enfant fera le bacon au centre commercial ou au salon mortuaire, vous devriez connaître exacte-ment les neuf étapes de la résolution de conflits émotifs et les cinq façons possibles de rétablir le contact entre les membres de la famille pour rame-ner le sourire au sein du foyer.

Ça ne vous épuise pas, vous, toutes ces tentatives médiatiques de faire de vous de meilleurs parents ?

Il y a vraiment de quoi déprimer quand, dans toute notre bonne foi de papa inexpérimenté (voyez ici un pléonasme), on se met à l'écoute de tous ces professionnels qui gagnent leur vie en projetant une lumière sur nos zones d'ombre. Ça me laisse même l'impression, parfois, que si je réagis simplement avec mon gros bon sens, je me trompe nécessairement. Jamais je ne me priverais d'aller chercher de l'aide si le besoin s'en faisait sentir. Mais il serait bon de se rappeler que nous sommes aussi doués d'instinct. Qu'en avons-nous fait de notre instinct, cette petite voix qui nous susurre à l'oreille un peu de gros bon sens ? La surabondance de conseils a souvent le drôle d'effet de nous faire perdre confiance en nos moyens. Réagissons d'abord ! Avec respect et intel-ligence, il va de soi. Et ensuite, questionnons. Réagir ne veut pas dire réussir à tout coup. Mais qui a dit que nous devions toujours performer ? Montrez-moi la loi qui stipule en gros caractères que nous devons à tout coup réussir nos interventions. Accordons-nous le droit à l'erreur ! Offrons-nous le plaisir d'apprendre à être le papa que nous sommes avec les enfants que nous avons. Me semble que c'est plein de bon sens ça, non ?

AVOIR SU !
(LE GROS BON SENS 2)

Est-ce que l'instinct est une compétence ?

Avant, on disait : « Comment vont vos enfants ? » et on répondait : « Bien ! » Avant, on disait : « Est-ce qu'ils sont inscrits au soccer ? » et on répondait : « Oui ! » Avant, on disait : « Comment ça va à l'école ? » et on répondait : « Bien, sauf en math. » On croyait que les sandwichs au jambon, le jus de pomme et les carottes constituaient un excellent lunch. Le matin, on disait aux enfants : « Passe une bonne journée ! » Avant, on trouvait ça normal de les envoyer au dépanneur du coin à 7 ans pour acheter du pain. Avant, on trouvait ça normal de leur faire écouter notre musique préférée.

On était-tu assez sans-dessein ! On ne savait pas que le matin, avant qu'ils partent pour l'école, il fallait leur dire : « Passe une bonne journée et sois transversalement compétent ! » Avant le match de soccer, on oubliait toujours de les avertir que le sport, c'était pour le plaisir et que ça n'avait aucun impact sur la motricité fine. Imaginez ! Jamais il ne nous serait venu à l'idée de nous préoccuper du fait que leurs lunchs contenaient moins de protéines qu'on ne le recommande à la télé, donc que leur développement cognitif pourrait en être affecté. Jamais il ne nous serait venu à l'esprit, en envoyant le plus jeune à la garderie en milieu familial, que nous ralentissions son apprentissage de l'anglais et du mandarin. Qu'en ne l'inscrivant dans aucun camp d'été, nous allions compromettre ses habiletés sociales et, donc, ralentir son développement sexuel. Qu'en le privant du dernier CD de *Madame Fonfon et ses joyeux Prouttes*, nous allions le priver d'un accès indispensable à l'une des sept intelligences et que nous allions ainsi provoquer un déséquilibre de son organisation mentale. Sans-dessein, disais-je ?

Lorsque j'ai demandé conseil à mon père la première fois, j'étais père en devenir. J'avais 28 ans et je souhaitais connaître les trucs d'un homme qui était déjà passé par là. J'ai dit : « Papa, c'est comment, avoir des enfants ? Qu'est-ce qu'il faut faire, c'est quoi, l'affaire ? » Il m'a répondu, et je le cite *texto* : « Mon cher Martin, je ne sais pas c'est quoi être le père d'un gars de 28 ans… » Fin de la citation et de la discussion. J'ai bien compris entre les branches : « Va ! » Alors je vais. J'essaie tant bien que mal d'écouter mon instinct paternel. Je ne dis pas de faire la sourde oreille à tout ce qui se dit ou se pense sur le rôle des pères… Toutes ces tables rondes sur l'avenir de l'éducation… Tous ces psy et ces éducateurs qui ont l'air d'en savoir plus que moi sur mes enfants… Et tous ces numéros spéciaux sur la « nouvelle paternité »… Il y aura toujours des penseurs pour mettre des mots sur notre quotidien. Pour expliquer que ceci vient de cela. Mais moi, je ne peux pas réfléchir et être payé pour. Y a trop de lavage dans le panier, pis trop de boîtes à lunch à garnir.

Finalement, tout ça, c'est comme les asperges. Avez-vous déjà parlé à un cultivateur d'asperges ? C'est fascinant. Les asperges sont le centre de son univers. Il peut vous expliquer de long en large les variétés et les méthodes de conservation. Il parle de leur goût en jouissant d'avance de ce qu'il va cuisiner le soir : potage aux asperges, asperges grillées, asperges en entrée, asperges en plat principal, crème glacée aux asperges… Il vous en met plein la vue en parlant des bienfaits possibles sur votre santé. À l'entendre, on pourrait croire que les asperges domineront un jour le monde ! On rentre chez soi et on se sent presque coupable de manger des zucchinis. On se sent comme un traître.

Voilà ce qui se produit lorsqu'on passe trop de temps avec des gens qui observent de très, très près une seule chose, un tout petit élément. Je ne peux pas penser qu'aux asperges, c'est impossible. Je gère un frigo au complet. Et oui, dans les boîtes à lunch de mes enfants, je mets des sandwichs au jambon avec du pain blanc... parfois.

MONSIEUR LE MINISTRE

Posons enfin une question claire : qui fait quoi ? ? ?

Chers concitoyens et concitoyennes, l'heure est venue de revoir l'organisation familiale. Les « as-tu pensé à… » sont une véritable plaie dans un couple. Je sais qu'ils sont parfois nécessaires, surtout pour les gens dans la lune… comme moi ! mais ils peuvent devenir un irritant majeur dans une vie amoureuse. As-tu pensé à habiller les enfants, as-tu pensé à appeler l'agent d'assurances, as-tu pensé à la fête de ta mère, as-tu pensé à ramasser le vélo sous la voiture, as-tu pensé à rentrer l'épicerie d'hier, as-tu pensé à te lever ce matin ? Irritant, dis-je ? Évitons les irritants. À moins d'être vraiment heureux en dirigeant seul la maison et de prendre tout, mais alors là vraiment tout, en charge, pendant que l'autre appuie cette façon de faire. Parfois, et je dis bien parfois, je crois que ce serait vraiment plus facile ainsi. (Soupir.)

Il y a très longtemps, j'avais entendu un pédopsychiatre américain faire un monologue sur « les ministères d'un couple ». Selon lui, c'était LA solution pour avoir un couple harmonieux. Il croyait profondément que chacun devait diriger ses propres ministères dans une maison, c'est-à-dire que chacun devait avoir ses tâches domestiques. Il est vrai que le fait de gérer des dossiers bien distincts est une façon intelligente d'éviter les petites disputes quotidiennes. Vous savez, ces petites disputes qui usent notre amour. Par exemple, monsieur est le ministre de la vaisselle et du rangement de la salle de jeu, et il s'occupe du dossier « déjeuners » et des rendez-vous concernant la santé. Madame est, pour sa part, ministre du lavage et des vêtements, des couchers et du dossier « voitures ». Ce que ça veut dire, c'est que seuls les ministres sont entièrement responsables de leurs dossiers… et qu'aucune intrusion de l'autre partie n'est tolérée. Le jeu consiste donc à diriger seul, et j'insiste sur le mot seul, ses ministères !

Je crois que la famille moderne en est à adopter ce genre de solution, puisque l'on veut tous une part du gâteau professionnel ET familial. De plus, le fait de savoir d'avance ce qui s'en vient réduit automatiquement le stress. Prenons un exemple concret. Chez moi, je suis le ministre du déjeuner. C'est moi qui suis responsable des enfants de leur lever jusqu'à leur départ à l'école. Je sais donc que c'est moi qui décide des déjeuners, du rythme des déjeuners, de la couleur des déjeuners et de la durée des déjeuners ! Je m'assure que les stocks peuvent répondre à la demande et que les commandes ont été faites au ministère de l'Approvisionnement. Je m'occupe de nourrir le peuple pour qu'il puisse donner un bon rendement au travail. Je suis aussi responsable du dossier « boîtes à lunch ». J'ai parfois vu l'autre ministre essayer de venir faire du lobbying pendant mon mandat. Et nous avons constaté que ça créait un irritant. L'excuse était du style «j'voulais juste t'aider!». Rapidement une loi fut adoptée pour que cesse cette pratique. Si vous saviez comme c'est bon de ne pas avoir à discuter de ce genre de choses tous les matins!

Surtout ne donnez pas tous les dossiers concernant les enfants à l'autre ministre. Ce serait une erreur. Ce serait *plate* pour vous et pour les enfants.

Je sais ce que vous pensez : madame est chanceuse de pouvoir faire la grasse matinée tous les jours ! Oui, mais... disons que c'est *son* temps. Elle en fait ce qu'elle veut. Parfois elle descend dans son bureau, parfois elle s'occupe d'autres ministères dont elle est responsable et parfois elle fait l'envie de tout le monde. Et moi ? Oh non ! Je ne fais pas pitié. Je n'ai pas le ministère des Dodos ! J'ai donc une pause magnifique pendant le coucher. Et j'ai du temps à moi... tous les jours ! Et croyez-moi, j'en fais ce que JE veux !

Il ne faut pas oublier les enfants dans tout ça. Je constate que, grâce à nos ministères respectifs, ils sont plus faciles parce que les termes de notre entente sont clairs. Quand c'est toujours la même personne qui s'occupe d'un dossier, c'est souvent la même routine qui s'installe et vous savez combien les enfants aiment les routines... Ils sont plus calmes et rassurés. Le peuple est content. Vive le peuple ! Je sais que c'est difficile pour les mamans de céder du pouvoir, ces mamans à qui on a tout demandé depuis toujours... Les mamans gardiennes de la vie familiale... Mais *times are changing*. Et le partage des tâches est le début du bonheur en couple. Avec la confiance qui, du même coup, s'installe. Alors combattons tous les « qui fait quoi », les « c'est toujours moi qui », les « ah ! pis fais-le donc toi-même » et les terribles « as-tu pensé à... ». Éliminons le flou juridique.

Il est grand temps de partager les richesses et d'augmenter le PIB : les Parents Intéressés au Bonheur.

AU CAMP DE L'ENNUI

« Sous les feuilles d'un chêne je me suis fait sécher »…
pendant une semaine !

Samedi matin, 8 h, papa a les yeux pleins de nuit. Les trois garçons sont effoirés devant la télévision depuis 6 h 30. Papa, la bouche pâteuse, ferme la télévision. Les trois garçons montent aux barricades. Papa, semi-conscient et le pas lourd, s'en retourne à la cuisine préparer le petit déjeuner. Les trois garçons sont en train de préparer une mutinerie, un putsch. Tout allait bien pour eux, ils n'avaient rien à penser, juste à boire les insignifiances de Télétoon. C'est bon pour une heure et demie, ça m'a permis de dormir. Mais là, c'est fini. Que pensez-vous qu'il se passe ? L'attaque commence… Un bombardement de « Qu'est-ce qu'on fait, papa ? », « Il n'y a rien à faire, papa ! ? », « Viens-tu jouer avec nous, papa ? », « Qu'est-ce qu'on peut faire, papa ? ». On dirait que mes trois garçons ont développé une dépendance totale à moi. C'est grave… Je suis sûr que Freud serait d'accord avec moi. Il faut combattre la dépendance. Aux grands maux les grands remèdes, j'utilise mon arme fatale : le silence. Je fais le mort (remarquez qu'à cette heure ce n'est pas trop difficile pour moi). Rien. Même pas une suggestion. Le peuple se révolte. Lobbying, menaces, tapage de pieds, boudin et chamailleries. Rien n'y fait. Je coupe des fruits. C'est tout. Je vais continuer comme ça pendant 45 minutes. C'est le temps moyen que ça prend pour que les trois garçons se calment et s'ennuient. Et c'est là que la partie intéressante commence. Ils trouvent des choses à faire par eux-mêmes. Une petite idée trouvée quelque part entre les coussins du sofa devient le jeu qui les occupe pendant une heure, voire un avant-midi. Moi, j'interviens quand ils me demandent quelque chose qui les aide dans leurs idées, par exemple : «Papa, pourrais-tu me coller mon épée sur ma bicyclette et me donner de la peinture jaune ?», mais je ne m'en mêle pas, je ne questionne pas le but de l'exercice. Oui, bon, ça ne marche pas à tout coup, car il y a des jours où j'ai vraiment le goût de jouer avec eux. Mais je refuse d'être un animateur… je suis un père. D'ailleurs, est-ce qu'on n'exagère pas un peu avec l'horaire de nos jeunes et notre besoin de les animer ? Est-ce qu'on a si peu confiance en leur capacité à gérer le vide ? Moi, j'*haïrais* ça, me lever et me faire organiser mon temps sept jours par semaine. Pas vous ?

Est-ce que je vous ai déjà dit que je rêve d'être directeur d'un camp d'été ? C'est très sérieux. J'adore les camps d'été. Je garde de très beaux souvenirs des camps où je suis allé pendant mon enfance. C'est sûr, pour être directeur d'un camp, il faut avoir une vision. Quelle couleur aurait mon camp ? Ça prendrait une activité qui le rendrait unique. Quelque chose qui le démarquerait des autres. Évidemment, il y aurait de la baignade, du tir à l'arc, une piste d'hébertisme, une bibliothèque, un centre de bricolage, des animaux, des soirées autour du feu de camp, des chansons, etc. Les classiques ne meurent pas. Il y a des camps qui offrent des cours d'anglais, de musique, d'équitation. Mais ce n'est pas ça qui attirerait ma clientèle. Ce serait quoi ? Je vous le donne en mille : L'ENNUI. Mon camp serait le « Camp de l'Ennui ». Je le vois d'ici. C'est merveilleux. Un endroit paisible où les animateurs sont passifs. Ils seraient assis presque toute la journée à attendre. Ils auraient ordre de ne rien proposer. Wow ! C'est émouvant, non ? Pas d'horaire préétabli. Les jeunes seraient laissés à eux-mêmes. Oui, oui, vous avez bien lu. Ils seraient à la bonne place pour s'ennuyer. Les jeunes auraient accès à

un paquet de ressources qu'ils utiliseraient quand bon leur semble. Les moniteurs de mon camp auraient pour travail de répondre aux questions sans jamais proposer une activité. À la fin, il y aurait des prix remis aux plus grands lunatiques, aux paresseux exemplaires, aux auto-suffisants inoubliables, aux regardeurs de nuages s'étant le plus améliorés.

Ce fantasme, je l'ai mûri dans ma cuisine, en m'obstinant à couper des fruits en silence... Je crois que c'est dans l'ennui que les jeunes trouvent leurs passions réelles et découvrent qui ils sont. On les surstimule, on ne leur laisse même pas de temps pour ne penser à rien. Évidemment à mon camp, il y aurait des fins de semaine pour les parents. Je sais… ne me remerciez pas !

FINIR SES PHRASES

C'est un grand bonhe… ah et puis merde!

Quel est le plus grand défi auquel on puisse faire face lorsqu'on est parent? L'obstacle le plus grand à surmonter? Plus grand que de ne pas se tromper en faisant le lavage. Plus grand que de promettre une sortie le prochain samedi aux enfants et de trouver, le samedi venu, la meilleure entourloupette possible pour annuler ladite sortie parce que la vraie raison est impossible à expliquer. Et vous serez d'accord avec moi, j'en suis sûr, car c'est: finir ses phrases. Cela tient de la discipline olympique lorsqu'on a des enfants autour de nous. Vous, parents, n'avez jamais remarqué qu'il est presque impossible lorsque vous discutez, disons aux heures familiales ouvrables, de finir vos phrases? J'en suis de plus en plus frustré. J'ai beau leur répéter de ne pas nous interrompre lorsque ma blonde et moi discutons… Mais, immanquablement, ils entrent dans la cuisine comme un troupeau de gnous affolés au moment même où j'ouvre la bouche pour dire quelque chose à ma blonde. D'ailleurs, ce qu'ils ont à me dire à ce moment-là est peu

important… Mes gnous sont tout surpris de voir mon regard dire « attendez » et ils osent insister. J'ai beau répéter encore une fois, doucement, que maman gnou et moi parlons, qu'il ne faut pas nous interrompre, rien n'y fait. Ils sortent de la pièce, et recommencent leur manège deux secondes plus tard avec un sujet toujours aussi peu important. Ma paranoïa me pousse à y voir un complot. J'ai l'impression qu'ils attendent, cachés derrière la porte… Ils communiquent entre eux grâce à un système perfectionné (ne sous-estimez pas les walkies-talkies Batman), attendant le bon moment pour se donner le signal et intervenir à tour de rôle au milieu de ma phrase…

Mais, ha ! ha ! papa gnou n'a pas dit son dernier mot. J'ai réussi à déjouer le complot. James Bond, c'est de la petite bière à côté de moi. J'ai pris ma blonde sous mon bras et je l'ai emmenée en voyage. Nous sommes partis LOIN. J'insiste sur le mot « loin ». Nous sommes partis en voyage… finir nos phrases.

Nous nous sommes rendu compte que ça faisait plus de dix ans que nous n'avions pas quitté la maison pour vrai. Dix ans que je n'avais pas eu ma blonde à moi tout seul. Dix ans que je ne l'avais pas regardée dans les yeux, à l'aimer et à la trouver à mon goût. Dix ans. Ça fait peur. Ce n'est pas facile, quand on a trois enfants, de partir en voyage seuls, en amoureux. Qui gardera? Comment s'organiser avec les leçons, les devoirs, les cours, les ceci et les cela? Mais croyez-moi, quand vous décidez vraiment de partir, tout s'organise. Je ne dis pas que ce n'est pas de l'ouvrage. Le temps exigé pour organiser les jours de garde des enfants est plus long que le voyage lui-même. Mais ne vous découragez pas, décidez! Achetez des billets d'avion avant de planifier le gardiennage. Et c'est à ce moment-là que vous vous rendrez compte qu'il y a plus de ressources autour de vous que vous ne l'imaginiez.

Nous avons mis dans nos bagages un million de phrases incomplètes et abandonnées. Et la valise est revenue vide. Wow! Ce fut un voyage très… oh et puis je me garde une petite gêne! Donc un beau voyage. Le plus étonnant, c'est que pendant le séjour, nous n'avons rien dit de marquant, nous n'avons eu aucune discussion sérieuse ou importante visant à améliorer notre vie de couple, à revoir notre dynamique familiale ou à formuler des projets stimulants pour l'épanouissement de nos rejetons.

Nous étions là, ensemble, à faire la fête.

À notre retour, le bonheur se lisait sur le visage de chacun des membres de la famille. Nous étions tous plus calmes, plus détendus. Tout le monde en a bénéficié.

Je ne crois pas que dans la vie d'une famille, ce genre d'expérience soit absolument nécessaire. Mais essayez-le, juste une fois, et vous comprendrez pourquoi j'ai décidé de vous en parler ici.

Le plus beau, c'est qu'à notre retour, nous nous sommes rendu compte que ça faisait dix ans que nous étions mariés. C'est fou, les détails qui nous échappent parfois... Bonne fête, chérie. Pour l'an prochain, chérie, j'ai pensé à la Proven... Quoi !?! Qu'est-ce qui se passe, les enfants ?

Chapitre 2

SÉRIEUX, MOI ?

JÉSUS, SACHA ET MOI

Longtemps j'ai voulu être un homme d'Église.
Je suis devenu papa. Même combat.

Tout bon père va à un mariage avec ses enfants une fois dans sa vie. Mais moi, il a fallu que j'en revienne traumatisé. Pas traumatisé parce que le marié a dit oui. Non. Traumatisé parce que, encore une fois, mes enfants m'ont ramené à ma réalité d'adulte. Pourtant, c'était juste un mariage ordinaire. Avec les « matantes », les « mononcles » et toute cette parenté dont j'ignorais l'existence. Avec la cérémonie trop longue, les bulles de savon à la sortie de l'église, l'auto d'époque louée… Non, vous dis-je, tout était normal. Mais voilà où mon malheur a commencé. Pendant la cérémonie, je faisais des « Chut ! » comme tous les pères de jeunes enfants. Il n'y a rien de pire que de tenir des enfants tranquilles pendant une messe. Alors plutôt que de m'évertuer à calmer l'incalmable, et de plus en plus conscient que saint Jude, patron des causes désespérées, ne me serait vraiment d'aucune aide, je décide de faire un jeu. Je commence par « Trouvez une chandelle bleue », puis

« Trouvez un micro », puis « Trouvez une casquette » (eh oui, même à un mariage !), puis « Trouvez un chapeau superlaid » (je suis surpris de voir à quel point ce chapeau est repéré rapidement par mes petits). Tout allait très bien. Parfois je devais étouffer un « Je l'ai ! ! ! » crié comme un « Bingo ! ». Mais en général, les petits doigts pointaient discrètement et les petites voix chuchotaient doucement les réponses à mon oreille... (J'ai quand même eu à consoler mon premier quand il a appris qu'il n'y avait aucun prix associé au concours.) Et tout va bon train pendant une vingtaine de minutes. Tout y passe, de la mode à l'architecture, de la peinture aux critiques sociales, et la cérémonie tire enfin à sa fin. J'étais un père exemplaire.

Soudain, allez donc savoir ce qui m'a pris, je demande : « Trouvez un homme sur une croix. » Sacha pointe le monsieur sur la croix et là, le malheur s'abat sur moi. « POURQUOI LE MONSIEUR EST MORT ? » s'écrie mon garçon de 4 ans. Ce n'est pas tant qu'il ait crié, me faisant perdre du coup mon titre de père-parfait-qui-peut-tenir-ses-enfants-tranquilles-pendant-la-messe, mais c'est que je n'avais pas de réponse. Bien, enfin oui, j'avais une réponse. Mais c'est un peu comme avec le sexe, il me semble qu'ils sont toujours trop jeunes pour qu'on leur en parle. Finalement, à bien y penser, j'aurais été moins embêté qu'il me demande comment on fait des bébés... Mais non ! Trop facile. Plutôt il me demande pourquoi le monsieur est mort sur la croix. Zut ! Tout allait si bien. Tout se déroulait comme prévu. On allait sortir de l'église, manger des p'tits sandwichs

pas de croûte, danser et rentrer à la maison. Eh non !
Ses grands-yeux-bruns-tout-en-interrogation bra-
qués sur moi ne me laissaient pas le choix : je devais
répondre.

« Tu sais, Sacha, le monsieur est mort parce que les
gens ne le comprenaient pas.

— C'est pas une raison, papa !

— Je sais, mon chéri, mais où y'a de l'homme, y'a de
l'hommerie.

— Quoi ?

— Les gens sont pas toujours fins… Mais t'en fais pas, il est redevenu vivant. »

À ce moment-ci, j'aurais aimé que mon bureau de censure soit ouvert. Sacha plisse ses grands-yeux-bruns-pleins-de-doute et me demande :

« On peut mourir pis démourir ?

— Non, bien oui, bien… pour le moment, il y a juste lui.

— Pourquoi lui y'é démouru ? »

Et là, j'hésite… Je sais qu'à partir de ce moment-ci mes paroles peuvent changer beaucoup de choses. Est-ce que je réponds ce que je crois ou je le laisse faire ses découvertes ? Est-ce que je lui donne des réponses toutes faites ? Et puis, le symbolisme à 4 ans… C'est pas simple comme à Télétoon ! À ce moment précis, j'ai une illumination, l'aide du Saint Protecteur des Pères, et me vient l'idée de lui retourner la question. (Je fais ici une pause pour vous donner ce truc gratuit, sans aucune obligation de votre part : quand vous ne savez pas quoi répondre à votre progéniture, retournez-lui la question.)

« Sacha, pourquoi tu penses, toi, que le monsieur est mort et qu'après il ne l'était plus ? »

Mon fils réfléchit. Tout à coup, il lève la tête et me regarde avec ses grands-yeux-bruns-pleins-de-lumière et déclare :

« Parce qu'il avait pas fini de dire ce qu'il avait à dire. »

Si j'avais eu une queue de paon, elle se serait largement déployée, même si l'orgueil est un péché. Qu'il est intelligent ! C'est sûrement un surdoué ! Je l'ai regardé et lui ai répondu, du haut de ma chaire : « Ce doit être ça ! » Fin du jeu. Fin du mariage. J'ai réalisé, ce jour-là, qu'être père ça va bien au-delà des couches et de la fatigue... Et « au-delà » prend ici tout son sens. Amen.

MES MENSONGES

*« Mentir à sa façon est mieux que de dire
la vérité à la façon des autres. »*

DOSTOÏEVSKI

Un père ment. C'est un droit. C'est acquis. Bien sûr, il y a des types de mensonges. Il y a des mensonges de survie. Par exemple : je les couche à 18 h en leur faisant croire qu'il est 20 h, parce que je suis trop fatigué pour être papa. Puis il y a les mensonges qui alimentent la vie, qui la rendent plus agréable. Plus belle. Plus… plus ! Je vous donne un exemple. J'ai une bosse sur la tête. Une bosse sur un crâne dégarni, ça fait tourner les têtes. (Peut-être que les têtes tournent tout simplement parce que je suis irrésistible, qui sait, mais supposons que c'est ma bosse…) Et je sais qu'elle attire l'attention parce que tout le monde m'en parle. Surtout les enfants. Un jour, mon fils me demande : « C'est quoi, cette bosse-là ? » J'hésite. Je pourrais répondre que c'est un amoncellement de cartilage sous-cutané inoffensif, mais j'avoue que je trouve la réponse plate. Je réponds plutôt : « Un soir d'automne, je me promenais dans un champ.

Et ce soir-là, la lune était grosse et très basse. Elle était au bout du champ, comme une lumière au bout d'un tunnel. Je marchais, absorbé dans mes pensées, quand tout à coup je me suis cogné la tête sur elle. Sur la lune ! Si fort que la lune est remontée dans le ciel, au zénith. C'est depuis ce soir-là que j'ai une bosse sur la tête, une bosse de lune. Et je suis le seul père au monde à avoir ça. » Avouez que cette version est plus sympathique et

amusante ! Mon fils avait 3 ans au moment où il m'a posé la question et, 3 ans plus tard, il me redemande souvent si c'est vraiment une bosse de lune. Et, chaque fois, avec tout mon talent de père-acteur-menteur, je lui réponds que oui. Et, chaque fois, son regard devient de plus en plus intrigué, toujours amusé, mais disons plus suspicieux. De mon côté, je ne bouge pas de ma position. Alors si on analyse cela à froid, je suis effectivement un menteur. Mais mon fils s'amuse tellement !

À cette étape-ci de mon raisonnement, il y a deux choses qui me chatouillent entre les orteils. D'abord, à quel moment de sa vie dois-je lui dire la vérité ? Est-ce que j'attends, comme le père Noël, qu'il vienne à moi ou je prends les devants ? Je vous laisse y penser... (Parce que je n'en ai aucune idée.) L'autre chose qui me démange, c'est la réaction des adultes lorsqu'ils m'entendent dire mes sornettes aux enfants. Leur réaction est toujours la même. Tandis que l'enfant me regarde, amusé, un doute au fond des yeux, l'adulte à côté de lui, comme dans un geste ultime pour le sauver de l'illusion qui pourrait le rendre fou, lui dit sur un ton caillouesque : « Oh ! Qu'il est drôle, le monsieur, c'est un comique ! » S'ensuit la question fatale (pour ne pas dire conne) de l'adulte apeuré, qui demande à l'enfant : « Est-ce qu'on peut vraiment se cogner la tête sur la lune ? », lui suggérant du coup la « bonne » réponse... C'est à cet instant que l'enfant sort de sa douce rêverie et qu'il répond : « Non ! » C'est la fin. Fini les rêves, les questionnements merveilleux, l'imagerie rocambolesque, le sel, le sucre, le poivre de la vie. Je vous avoue que ça me débine. Les adultes pensent-ils vraiment que nous allons (je parle des hurluberlus comme moi) faire de leurs enfants des êtres sans prise sur la réalité ? Que nous ne devrions pas nous approcher des enfants à moins de douze pieds ? Que tous ces clowns, ces fous et ces rêveurs d'un monde meilleur, décorateurs de la réalité, devraient être proscrits du cursus des enfants ?

Nous, les hurluberlus, nous sommes aussi essentiels au bonheur que le ketchup l'est à la tourtière. Voilà... En passant, est-ce que je vous ai déjà raconté pourquoi je suis devenu gros ? J'étais à cheval sur la queue d'une comète magique quand, tout à coup...

UNE JOURNÉE AU ZOO

Des fois je me sens stupide.

Je ne sais pas si c'était dû à notre nouvelle maison ou au nouveau quartier, mais les enfants étaient particulièrement insupportables l'été dernier. Ils chialaient pour un oui ou un non, jamais contents, jamais satisfaits. Toutes nos propositions étaient matière à bougonnerie. Donc pour sortir de l'enfer des boîtes de déménagement, nous leur avons proposé une sortie au zoo. Nous avions donc prévu deux dates pour notre visite : une fausse et une vraie. Si le matin de la fausse date il y avait le moindre chialage – nous étions absolument certains qu'il y en aurait –, alors pas de zoo. Vous le savez comme moi, ce genre de décision est aussi difficile à prendre pour les parents qu'à subir pour les enfants. Mais je dois vous avouer que lorsqu'on a annulé notre départ, le regard sidéré des enfants nous a bien fait comprendre qu'ils avaient compris. Et lorsque, par la suite, les enfants manifestaient à nouveau des réactions hystériques, il suffisait de rappeler le départ raté et paf ! Ils se parlaient entre eux et l'entente revenait.

Est-ce bien de faire ce genre de menace ? De mon point de vue non professionnel et sans aucune expérience clinique, je réponds que oui.

On arrive donc au zoo. (Vous aurez compris que le matin de la vraie date de la sortie tant attendue, on les aurait béatifiés tellement ils étaient angéliques.) Et le plaisir commence. On n'a pas sitôt payé les cent dollars et quelques exigés pour l'entrée et mis les pieds dans la place que commencent les demandes spéciales. Je me sentais comme un disc-jockey dans un mariage à Brossard. « Je veux voir les lions. – Oui, on les verra tan… » « Je veux voir les kangourous. – Oui, je pense qu'ils ne sont pas lo… » « Quand est-ce qu'on va voir les gorilles ? – Bient… » « Je veux voir les tigres ! – Je pense

qu'ils sont par l... » « Est-ce qu'on va manger ? – Il n'est
pas encore mid... » « Est-ce qu'on va voir les babouins ?
– Oui, mais ton frère veut voir les go... » « Y'a-tu des
chauves-souris ? – Oui, ils ont aménagé une caver... »
« On va-tu voir les gorilles ? »... On repère finalement
l'objet de la première demande spéciale : « Les enfants,
regardez les kangourous (et je me mets à lire le panneau
à vocation éducative et informative qui manifestement
s'adresse à toute la famille de façon à doubler le plaisir
d'observation), ce sont des marsup... » « Bon, on va-tu
voir les gorilles ? » me coupent-ils. Je n'en revenais pas !
En moins de quatre secondes et un huitième, ils étaient
déjà repartis.

Bon, me dis-je, ils sont juste très excités et contents.
Pas du tout ! À chaque animal, c'est la même histoire.
Le temps de lire le nom, et encore ! Ils étaient déjà
tannés d'être là ! Après que le dernier nous a demandé
une centième fois de voir le gorille, on y arrive et... c'est
le même manège ! Ils repartent après un vingt-cinquième
de seconde. « Wo ! » dis-je, impa-
tient et sur le bord de pogner les
nerfs. J'ajoute, doucement, mais
fermement, presque entre les
dents : « Ça fait une heure que
vous demandez le gorille. Là,
il est là, et vous allez le
regarder pendant

au moins cinq minutes, sinon il y aura des conséquences ! » Je sais très bien, en écrivant ces lignes, que
ça n'a aucun bon sens de punir ses enfants parce qu'ils
ne veulent pas regarder le cr... de gorille. Mais je n'en
pouvais plus. Après une bonne minute, mon plus vieux
vient me voir et me dit doucement, comme pour me
raisonner : « Tu sais, papa, ce n'est pas tellement intéressant de regarder un gorille dormir. » J'avoue qu'il
avait raison. J'en voulais beaucoup au gorille...

À la fin de la journée, installés au resto du zoo, ma
femme et moi essayions de résumer la journée avec eux.
Quel animal ont-ils le plus aimé ? Le moins aimé ? Rien
à faire... Nos trois enfants sont déconcentrés par... un
écureuil. M'avez-vous bien compris ? Un ●✳☠ℵ🐦
d'écureuil. Ils ont passé une demi-heure à le regarder, à
l'observer, à le suivre, à l'interpeller. Pas un animal rare,
sauvage et en voie de disparition qu'on ne retrouve que
dans un pays lointain sous une roche dans le fond d'une
caverne. Non, un p'tit maudit *Sciurus vulgaris* du
Québec. Tout à coup, j'ai eu ce sentiment – qui revient
me hanter de temps en temps – de parfois en faire et en
donner plus qu'ils n'en demandent réellement. Je me
suis sincèrement dit que cette journée-là j'aurais pu les
emmener dans n'importe quel parc du Québec où il y a
une abondance d'écureuils et j'aurais pu me coucher
tranquille dans l'herbe et dormir comme... un gorille.

En passant, si vous cherchez un beau chapeau en
peau d'écureuil... j'ai un *deal*, pas cher !

POUR PAPAS AVERTIS

Qu'est-ce qui vient avant, le pénis ou la poule ?

Le problème est rentré dans la maison à 15 h 20, un mardi soir. Ça y est ! J'y suis. J'ai les deux pieds dedans. Je ne savais pas que ça allait arriver si vite. Mais je dois prendre le taureau par les cornes. On m'avait bien prévenu. Je l'avais même lu dans quelques livres : « Un jour, ça vous arrivera. » C'est aujourd'hui que ça se passe. Mes gars parlent de sexe. Ce n'est pas que je ne suis pas intéressé par le sujet. (J'ai quand même trois enfants !) Mais peut-être qu'au fond de moi j'espérais leur en glisser un mot quelque part autour de la veille de leur mariage.

C'est mon plus vieux qui est arrivé de l'école en riant, me confiant que Jimmy, qui prend l'autobus avec lui, avait vu un film avec son père, un film dans lequel les gens « faisaient du sexe ». (J'ai déjà entendu parler de ce genre de film ? ? ?...)

Mon fils s'est empressé d'expliquer les choses de la vie à ses frères. Rigolades. Étonnement. Cachotteries. Ils ont compris rapidement que, lorsqu'ils insèrent leur doigt dans un cercle formé par les doigts de l'autre main, il y a sujet à rire. Ils ont compris rapidement que, s'ils sont là, c'est que papa et maman ont « fait le sexe »… Rire ! Mais un rire complice qui exclut totalement les adultes. De toute façon, on ne comprendrait pas… Pour l'amour du ciel ! Jamais je ne leur ai enseigné que c'était mauvais ! Jamais je ne leur ai dit que c'était secret ! Qu'il fallait en parler à mots couverts ! Je les ai laissés jouer avec leur pénis tant qu'ils voulaient (tant que ce n'était pas au Provigo). Leur mère et moi ne les avons jamais réprimandés à propos de ça. Ça doit encore être l'école. Je savais que ce n'était pas une bonne chose de les envoyer à l'école. Mais bon, je fais quoi ? Il est là, le problème. Ils en parlent, et abondamment. Je les ai même surpris à faire le geste terrible aux passants à travers la fenêtre de la voiture. On ne nous a rien dit là-dessus, à notre cours de préparation au mariage. Je suis face à un vrai problème de père. Un « vrai » problème. Il ne s'agit plus de régler une petite chicane du genre « il a pris mes Lego » ou bien « il n'arrête pas de me regarder ». Non, je fais face au pire : « Toi et maman, avez-vous déjà fait le sexe ? » (Chérie ! Les enfants veulent te parler !) Mon plus vieux a 8 ans… Il me semble qu'il vient de laisser les couches. Je sais que je vous ai déjà parlé de retourner les questions, mais il est clair qu'ici on ne parle pas de question ésotérique. C'est *ben, ben, ben* concret. Lui répondre que maman et moi, on joue au backgammon dans notre intimité, c'est fuir le problème. Alors je fais quoi ?

Ne pensez surtout pas que je vais vous donner un truc. J'ai fui. Je n'ai rien dit. Ou plutôt, j'ai détourné la conversation. « As-tu rangé ta chambre ? » « Oui ! » Et c'est ici qu'on voit la qualité du père que je suis, quand j'ai répliqué : « Ben, range-la encore ! » Avais-je le droit de ne pas répondre à sa question ? De le laisser sur sa faim de savoir ? Voulait-il vraiment savoir ? Ah, ah ! Là, on y est ! Voulait-il VRAIMENT savoir ? Parce que les enfants posent des questions pour le plaisir de poser des questions. Je ne suis pas sûr qu'ils veulent absolument la réponse tout de suite. Je ne suis pas obligé de répondre à tout parce que Canal Vie me dit de le faire ! Je connais mes enfants et je sais que ça peut attendre... Mon INSTINCT me dit que ça peut attendre. D'accord, pas jusqu'au mariage... mais au moins jusqu'au bal des finissants !

LES TI-N-AMIS

Les ti-n-amis, c'est agréable deux fois :
quand ça part et quand ça ne revient pas.

Le plus difficile lorsqu'on tombe amoureux d'une femme, c'est d'aimer tous ses amis. J'ai rapidement compris le mot qu'on nous répétait tellement souvent avant d'être en couple : concessions. Combien de fois j'aurais aimé lui dire : « Ne te tiens pas avec elle… Elle est folle. » Mais le petit ange sur mon épaule mettait gentiment son aile devant ma bouche et je me taisais. Il faut ici que je rende hommage à mon petit ange, qui a travaillé souvent et très fort les premières années de notre relation. Aujourd'hui, tout va bien… Je lui dis les choses carrément, clairement ! Même s'il reste que ce n'est pas de mes affaires. (Cela dit, mes amis à moi sont tous de bonnes gens…) Ça, c'est pour le couple et, après 17 ans de vie commune, c'est réglé.

Maintenant, il y a les amis de mes enfants. Qu'est-ce que je fais lorsqu'ils m'emmerdent ? Désolé, je ne trouve pas d'autre mot. Vous me trouvez dur ? Peut-être avez-vous raison. Il y a des fois où je donne beaucoup de travail à mon petit ange. Je vous le jure ! Ça me prend tout mon petit change pour ne pas essayer d'inciter mes enfants à ne plus fréquenter certains ti-n-amis. Je me dois de vous mentionner ici que je ne parle pas de tous leurs amis. Au contraire, j'aime la plupart d'entre eux et je suis heureux de les voir venir frapper à ma porte pour jouer avec mes gars. Mais il y en a certains auxquels je suis allergique. Rassurez-vous, je ne leur ai encore rien fait. Même que, lorsqu'ils sont chez moi, je leur sers une collation... Je les sers en dernier, mais je les sers tout de même. Si je fais une sortie, je les invite en leur disant : « Écoute, on s'en va en Australie cet après-midi. Si tu veux venir, demande à ta mère si elle veut te prêter 2500 $ et viens nous rejoindre... On part dans cinq minutes ! » Quand même, vous ne direz pas que je n'ai pas bon cœur.

Qu'est-ce qui me rend si réticent envers certains enfants ? En fait, ce ne sont pas les enfants qui me dérangent. C'est ce qu'ils représentent, la pensée de leurs parents, leurs valeurs. Et, dans le lot, il y en a avec qui je ne partagerais jamais ma gomme ! Je l'écris et je trouve ça difficile. Mais c'est la triste réalité. Les enfants transportent parfois des idées avec lesquelles je ne suis pas vraiment d'accord, ou que je rejette, et je ne veux pas que les miens soient en contact avec ces idées-là. Le malheur, c'est qu'ils ont tellement de plaisir ensemble et s'entendent comme larrons en foire ! Alors je me branche sur leur bonheur et je travaille deux fois plus fort au souper lorsque mon premier me dit innocemment et cruellement : « C'est tellement le fun chez mon ami, ses parents sont cool ! », ou bien : « Les parents de

mon ami pensent pas comme toi, pis c'est plus le fun. »
Ah ! Enfants cruels, qui venez nous transpercer le cœur !
Je sais que c'est une forme de manipulation infantile
extraordinaire. Mais je ne peux m'empêcher de me voir
en train de dégonfler les pneus des voitures desdits
parents. Mais il y a pire. C'est lorsque le ti-n-ami vient
chez nous, marcher sur nos planchers et respirer notre
air, et qu'il dit pendant qu'il mange le repas-payé-par-
mon-argent : « Mes parents pensent que votre maison
aurait vraiment besoin d'entretien. Ils trouvent que,
depuis deux ans, vous n'avez pas fait grand-chose pour
en prendre soin. » Non mais, de quoi ils se mêlent ? Je
ne sais pas ce qui me retient de… Ma blonde voit ma
face changer. Et elle étire son fémur qui vient heurter
ma rotule assez violemment, ce qui fait pivoter ma tête
vers elle. Ses globes oculaires flashent rouge. Et mon

petit ange fait le reste du travail… Je change de sujet et on finit le repas sans aucun mort. Dommage. J'aurais aimé dire à ce ti-n-ami : « Ton père n'est pas ton père et ton père ne le sait pas* »…

* Extrait d'une chanson de Sacha Distel, *Scandale dans la famille.*

LES SACRES

« Faites ce que je vous dis de faire,
ne faites pas ce que je fais. »

Moi... mal pris

Qu'est-ce qu'on garde et qu'est-ce qu'on jette quand on devient papa ? Je parle évidemment ici du passé et des traditions. Qu'est-ce qui est encore valide et qu'est-ce qui est périmé ? Comment savoir que ce que l'on enseigne à nos enfants est encore bon ? Comment savoir qu'on ne perd pas un temps fou en répétant bêtement ce que l'on nous a enseigné ? Vous faites sûrement des choses en vous disant : « Pourquoi je fais ça ? Est-ce vraiment nécessaire ? » Ne jetez pas l'ornithorynque avec l'eau du bain. Mais je pense particulièrement ici aux sacres. Qu'est-ce qu'on fait avec les sacres ? L'omni-présence de l'Église est comme-genre-full-pu-là. Alors sommes-nous censés quand même interdire les sacres, et si oui, pourquoi ? Ça ne veut plus rien dire pour les enfants. Non !? Mes gars ont découvert les sacres... ailleurs (je le savais qu'il ne fallait pas les envoyer à l'école). Il faut voir le malin plaisir qu'ils ont à en placer un dans leurs discussions. Je suis intervenu comme par habitude et j'ai interdit toute utilisation de sacres de quelque façon que ce soit. Mais, quand ils m'ont demandé : « Pourquoi ? », je n'ai vraiment pas su quoi répondre. Je ne sais pas quoi dire. Moi-même, j'use de ces mots à l'occasion. Alors, partant de ça, il est, disons, embêtant de l'interdire à mes enfants. Vous le savez comme moi, le bonheur que c'est d'en placer un bon, bien senti, dans une phrase… C'est jouissif. La joie de faire résonner ces terribles mots. De réveiller ces « T » et ces « B » dans une réunion qui tourne en rond. Ou bien pour ramener à la vie un interlocuteur qui est sur son écran de veille… Mais, dans la bouche d'un enfant de 7 ans, c'est laid. J'ai déjà entendu mon deuxième, pendant un repas, me chuchoter à l'oreille : « Papa, après le souper, est-ce qu'on va pouvoir en dire un ? » Ça lui démangeait les papilles. Et je soupçonne encore et

toujours ses amis de l'influencer dans la cour d'école (décidément…). Il est clair qu'il y en a pour qui cette question n'en est pas une.

Mon deuxième a déclaré, pendant un repas de famille, après avoir fait un gag avec un sacre bien placé et subi tous les regards surpris des matantes : « Ne vous en faites pas, j'ai rien contre l'Église. »

Après avoir longtemps jonglé avec cette cr… de question, j'ai trouvé l'argument des arguments. Mon fils me demandait, frustré, pourquoi il ne peut pas user de ces mots qui, à sa grande joie, font tant réagir les adultes. À la place de lui répondre : « Tu peux, mais ne dis pas à ta mère que c'est moi qui te le permets », je lui ai répondu (lisez bien, je pense que c'est un argument massue) que le sacre remplace des mots qui expriment des sentiments et que, plutôt que de sacrer, il devait relever le défi de trouver ce qu'il veut vraiment dire. Ce serait dommage de développer des béquilles linguistiques à son âge. Je lui ai dit qu'il s'empêchait de découvrir la beauté et la grandeur de la langue française en abusant des sacres. Pas pire, hein ?

J'ai un mandat de père, celui de livrer à la société, lorsqu'ils auront 18 ans, de jeunes adultes en bonne santé d'abord, puis des êtres capables d'exprimer leurs sentiments et de se faire clairement comprendre par tous. Après, ils feront ce qu'ils voudront. Non mais, c'est vrai, c'est finalement ça, mon travail de père. M'assurer que, pendant les 18 premières années de leur vie, ils recevront tout ce dont ils auront besoin pour se lancer dans l'aventure des 70 années qui suivront ! J'ai bien peur que ce ne soit pas suffisant de leur apprendre à marcher. Pour mon fils de 7 ans, le fait de savoir qu'à 18 ans il pourrait user de la langue comme bon lui semblerait était vraiment sa lumière au bout du tunnel. Mais j'ai bien insisté : d'ici là, il devrait me faire la preuve et surtout se faire la preuve à lui-même qu'il est capable de me dire clairement ce qu'il ressent plutôt que de me le coder en sacre. Il a accepté. Fiou ! J'ai vécu là avec lui un moment… tellement… vraiment… comment dire… beau en sac… !

QUIZ SÉRIEUX

Il y a des jours où je déconne. Ça fait du bien.

Quelle sorte de père êtes-vous ? Pour vous aider dans votre réflexion, voici un questionnaire totalement... enfin un questionnaire très... une réflexion importante sur... un approfondissement de... Ah et puis, c'est juste pour rire.

1) Pour vous « Caillou », c'est :

    a) un agrégat de calcaire.
    b) un juron sympathique dans un téléroman québécois.
    c) un héros pour enfants qui enrichit une multinationale.
    d) un personnage de télé qui vous permet de préparer le souper en paix.

2) Votre enfant de 2 ans fait une crise pour prendre son bain dans la cuvette :

    a) Vous lui dites que l'eau est trop froide.
    b) Vous bouchez le fond de la cuvette pour ne pas qu'il se coince le pied.

c) Vous le distrayez en lui racontant la fois où maman a bouché la cuvette d'un grand restaurant, ce qui a alerté la moitié du personnel.

d) Vous lui dites que s'il prend son bain dans la baignoire, il aura 20 $.

3) Votre enfant revient de la maternelle en utilisant des jurons que même vous n'oseriez pas employer. Vous vous dites :

a) Pourvu que sa maman ne l'entende pas.
b) Pourvu que ma maman ne l'entende pas.
c) Pourvu que les voisins ne l'entendent pas.
d) Pourvu que mes chums l'entendent.

4) Pour vous, mettre un enfant dans le micro-ondes pour le calmer, c'est :

a) impossible parce que le micro-ondes est trop petit.
b) irrespectueux de sa personne.
c) criminel si quelqu'un vous voit.
d) absurde puisque vous avez investi 1786 $ dans la décoration de sa chambre et qu'il n'en profitera même pas…

5) Il est 3 h 22 du matin et votre enfant se met à tousser… beaucoup. Alors :

a) Vous faites le mort.
b) Vous espérez que sa maman se lève.

c) Vous ne faites rien.

d) Vous toussez plus fort.

6) Le professeur de l'école appelle à la maison parce que votre enfant a fait quelque chose d'irrespectueux. Vous dites :

a) Chérie, c'est pour toi.

b) Sorry, wrong number.

c) Sa grand-mère vient de mourir.

d) C'est pas de sa faute, il est daltonien.

7) Vous surprenez votre enfant de 8 ans à se masturber dans sa chambre. Vous lui dites :

a) Ça fait perdre la mémoire.

b) Ça fait perdre la mémoire.

c) Ça fait perdre la mémoire.

d) Ça fait perdre la mémoire.

8) Votre enfant vous dit qu'il a mangé un morceau de ver de terre :

a) Vous lui dites de bien se brosser les dents.

b) Vous ne lui servez pas de viande au repas en lui disant qu'il a déjà sa dose de protéines.

c) Vous le mettez au défi de manger le reste.

d) Vous le rassurez en lui disant de ne pas s'inquiéter, que le reste du ver a survécu par un processus naturel.

9) Votre préadolescent vous annonce qu'il veut être bouddhiste :

a) Vous lui dites que la « Bouddhie » est un beau pays.

b) Vous lui dites que tous les boud- dhistes vont en enfer.
c) Vous lui dites qu'il y a peu de débouchés dans ce domaine.
d) Vous appelez Info-Secte pour en savoir plus.

10) Votre enfant de 4 ans a les yeux comme des billes, le visage tout rouge et dit « AARGHUHGG ! ».

a) IL EST EN TRAIN DE S'ÉTOUFFER ! ! !
b) Voir a).
c) Voir a).
d) Voir a).

11) Votre enfant de 3 ans vous annonce : « Finalement Nietzsche n'a pas tout à fait tort. »

a) Vous l'envoyez dans sa chambre.
b) Vous lui dites que vous allez parler à ses parents, et que vous ne voulez plus qu'il se tienne avec cet énergumène.
c) Vous le branchez sur Télétoon plus long- temps.
d) Vous lui dites de pousser son raisonnement un peu plus loin car, avec si peu d'arguments, il n'aura jamais son doctorat.

12) Votre voisin ne comprend pas pourquoi votre enfant de 13 mois ne marche pas encore alors que ses enfants à lui marchaient tous à 9 mois.

a) Vous lui cassez la gueule.

b) Vous lui faites remarquer sa calvitie prématurée.

c) Vous lui répondez que ses enfants auraient dû apprendre à vivre au lieu d'apprendre à marcher.

d) Vous laissez votre chien jouer dans son jardin.

Non mais sérieusement… j'déconne !

ROUTINE DU MATIN

J'ai comme une impression de déjà-vu.

« Debout les gars, il est 7 h. Matisse... debout ! Oui Sacha, tu es obligé d'aller à l'école comme hier et comme les six derniers mois. Miro, lâche Matisse. Faites vos lits, les gars. Oui Matisse, tu fais partie des gars et oui Sacha, tu es obligé de faire ton lit comme tous les matins depuis que tu as 5 ans. Non Matisse, je ne pense pas que vous êtes mes esclaves. Oui Miro, je vais faire mon lit aussi, mais lâche Matisse. Je sais, mais il veut être tranquille le matin. Non Sacha, tu ne fais pas de fièvre. Habillez-vous, les gars ! Non, tu ne peux pas aller à l'école en pyjama Sacha, change-toi. Matisse, va faire ton lit. Sacha, va faire ton lit. Matisse, peigne-toi, je ne vois pas tes yeux. Non, je ne te rase pas la tête ce matin. Miro, habille-toi. Dépêchez-vous, les gars, sinon vous allez courir tantôt. Venez déjeuner, les gars. Oui Matisse, toi aussi tu dois déjeuner. Non Miro, on ne commande pas de pizza. Venez déjeuner ! Matisse, quel fruit veux-tu ? Sacha, va enlever ton pyjama maintenant ! Non, des Froot Loops, Matisse, ce n'est pas un

fruit. quel fruit tu veux, Miro ? Sacha, c'est le pantalon
de Miro ça, il est trop court pour toi. Matisse, quel fruit
veux-tu ? Non, Sacha, tu ne lances pas une nouvelle
mode ce matin. Va enlever ton costume de Spiderman.
Matisse, tu es où ? Lâche l'ordinateur, c'est le matin.
Venez manger vos fruits. Oui Sacha, tu es obligé de
manger tes fruits comme tous les matins. Qui veut à
boire ? Non Miro, on ne boit pas de boisson gazeuse.
Miro, n'oublie pas de remettre l'enveloppe à ton professeur. Non, je ne pense pas que tu es mon esclave…
Matisse, si tu as fini ton déjeuner, va brosser tes dents.
Miro, il faudrait que tu commences à manger. Où

vas-tu, Sacha ? Non, tu ne peux pas te changer. Ça fait déjà cinq fois que tu te changes ce matin. Déjeune maintenant ! Non, je ne sais pas ce qu'on va manger pour dîner. Non Miro, je ne commande pas de pizza. Ne pleure plus et va te brosser les dents. Sacha, va te brosser les dents aussi. Matisse, va te brosser les dents. Je sais, mais cette fois-ci, utilise du dentifrice. Non Miro, tu ne peux pas te laver les mains avec du dentifrice. Parce que. Oui Sacha, tu es obligé de te brosser les dents comme tous les matins. Non, c'est trop cher un dentier et il faudrait que tu le laves aussi quatre fois par jour. Matisse tu es où ? Lâche l'ordinateur, tu n'as pas fait ton lit, va le faire tout de suite. Non, tu ne dors pas dans un sac de couchage ce soir. Sacha, as-tu fini de te laver ? Les gars, il est moins dix, allez chercher vos sacs, ça va être le temps de partir. Miro ? Miro, t'es où ? Lâche l'ordinateur. Je sais que Matisse y était mais il n'avait pas le droit non plus, comme tous les matins. Matisse, lâche la télé. Non, il n'y a jamais de météo sur Télétoon, tu le sais. Va chercher ton sac, il est moins cinq. Sacha, t'es où ? Comment ça, aller aux toilettes, tu ne pouvais pas y aller avant ? Dépêche-toi. Laisse faire le choix de livre, tu n'as pas le temps de lire. Non Miro, tu ne peux pas sortir en t-shirt. Je sais qu'il fait soleil, mais il fait zéro degré Celsius. Non, ça ne veut pas dire qu'il n'y a plus de degré, ça veut dire qu'il fait froid. Matisse, t'es où ? Lâche ton Game Boy pis habille-toi. Il reste deux minutes les gars, habillez-vous, s'il vous plaît. Comment ça, j'ai quelque chose à signer ? Il fallait me le dire hier lorsque je t'ai demandé si-tu-avais-quelque-chose-à-faire-signer. Trop tard, là. Non, je ne souhaite pas ton "malheur". Il fallait juste y penser avant. Sacha, as-tu fini ? D'accord, mais tu t'arrangeras avec ton professeur. Non, je ne vais pas t'essuyer et oui, tu es obligé de t'essuyer ! Matisse, où es-tu ? Viens me donner mon bec… Au revoir, mon amour… Toi aussi, Miro, tu es mon amour… Bonne journée. Non Miro, on n'appelle pas un taxi. Tu vois la bâtisse de l'autre côté de la rue ? Eh bien, c'est l'école. C'est pour ça qu'on n'appelle pas un taxi. Allez, les gars, c'est le temps de partir. Non Sacha, tu ne fais vraiment pas de fièvre. Au revoir, je t'aime. Moi aussi je vous aime… Salut ! »

Ouf ! (Un temps.) « Chérie ? C'est quand, donc, la semaine de relâche ? »

Chapitre 3

LÀ, SORTEZ
LES KLEENEX !

SALUT, PAPA !

Être papa, c'est un virus. J'ai trouvé la cellule souche.

Il a été et est encore mon premier phare, ma première référence. Comme tous les pères, il a joué son rôle de papa avec l'éducation qu'il a reçue, c'est-à-dire celle d'un homme né en 1942. Ce qui ne l'a pas empêché de changer de point de vue souvent durant sa vie de père. Les convictions de son époque étaient confrontées aux changements sociaux rapides. Et il ne s'est pas cabré inutilement. Même si parfois, je l'ai senti dépassé par les événements. Je vois encore ses petits yeux chercher des références dans son passé lors de discussions qu'il allait perdre, de toute façon. Références qui s'évanouissaient tranquillement au fil de l'évolution des familles. Oh, ne pensez pas qu'il n'y a pas eu des « Dans mon temps… ». Il y en a eu. Mais je pense qu'ils étaient utilisés juste pour nous faire comprendre pourquoi on en était là, aujourd'hui. Non, je n'ai pas fait de sport avec mon père, *j'haïs* ça, le sport ! Je ne suis pas allé à la pêche avec mon père, *j'haïs* ça, la pêche ! Je n'ai pas fait de plein air avec mon père, *j'haïs* ça, le plein air ! Il n'a pas fait de théâtre avec moi : ce n'était pas sa tasse de thé ! Je ne me suis jamais vraiment confié à mon père : ce n'était ni ma tasse de thé ni la sienne.

Alors, quel fut mon rapport avec ce père que je chéris tant ? Je vous le confie : il m'a regardé. Il a été un constant observateur. Je pouvais marcher par-devant et croyez-moi, j'en ai marché un coup et dans toutes sortes de directions. Puis chaque fois que je me retournais, il était là et me regardait. Je pouvais donc continuer à marcher. Il aura bien risqué un conseil ou deux, ici et là. Mais sans jamais diriger ma marche. Oh, je voyais bien dans ses yeux que mon chemin ne lui plaisait pas. Pas toujours. Mais bon. Je marchais et il me regardait. Et lorsque je faisais demi-tour pour une raison ou une autre, il était là. Et je repartais. Et lorsque je m'accomplissais, je n'avais qu'à me retourner pour le regarder m'applaudir.

Vous croyez que je vais vous dire que mon père était mon meilleur copain ? Détrompez-vous. Ça le décevrait trop. Car lui-même m'a dit un jour qu'il n'était pas mon ami, mais bien plus que cela ! Il était mon père. Il a toujours refusé que je l'appelle par son prénom. « Papa » était la seule appellation possible, car j'étais le seul au monde, avec ma sœur, à pouvoir l'employer.

Avait-il des défauts, ce père ? Maintenant que j'ai des enfants, je n'oserais pas en parler. Sa maladresse devait être de ne pas savoir être père au moment où il est devenu père, parce qu'on n'apprend pas à être père… On le découvre juste après. Juste après le moment où il aurait été intéressant de le savoir.

Est-ce que j'aime mon père et, surtout, est-ce que je lui ai dit ? Me l'a-t-il déjà dit, lui ? Un jour, il m'a avoué qu'il n'était pas à l'aise avec ces mots-là. Plutôt que lui demander de nous dire son amour, nous n'avions qu'à le laisser nous le prouver. Le laisser nous l'exprimer par ses actions. J'ai vite compris qu'il m'aimait, énormément.

Moi, je suis d'une autre génération. Je parle plus que toi, papa. Je te le dirai haut et fort. Je le crierai à qui veut l'entendre. Si je suis ce que je suis, c'est aussi grâce à ton regard. Ce regard qui me stimule, qui me défie, qui m'encourage, qui me pousse, qui me confronte, qui me questionne, qui doute, qui rit, qui accepte tout ce que je suis, avec mes zones d'ombre et de lumière, bref, qui m'aime. Des fois, je la trouve difficile cette vie. Mais tu m'aimes.

(Ça, je ne le dirai pas trop fort, papa, parce que ça va te gêner, mais moi aussi, des fois, je te regarde marcher. Ça m'inspire.)

Salut, papa !

LE MONSTRE JAUNE

Je le déteste.

Je vis avec ce drame depuis trop longtemps pour ne pas vous en parler. Vous l'avez vu, le monstre ? Il était jaune et il faisait un bruit de moteur. Il a avalé mes deux tout-p'tits. Mes deux enfants, mes deux amours… si jeunes pour être mangés par un monstre de cette taille ! Il me reste un bébé, vous me direz, mais quand même. Ça a été dur pour moi de les voir disparaître dans le ventre du monstre, cette bête qui les avale le matin et me les restitue sept heures plus tard, et de ne rien pouvoir faire.

Bien sûr, il y a l'école à la maison mais, après réflexion, ce n'est pas une idée qui me convient. À cet âge, l'aspect social est trop important. Plus que les matières enseignées. Le besoin d'amis est grand. Mais l'angoisse n'est pas finie, il y a le retour du monstre. Dans quel état en sortent-ils ! Je perds mes enfants pendant sept heures en ne sachant même pas ce qui s'est passé dans leur vie. Qui leur a parlé ? À quoi ont-ils joué ? Qui les a consolés ?

Ont-ils mis leur chapeau ? Est-ce qu'on les a laissés aller faire pipi ? Est-ce qu'on les a brimés dans leur développement émotif, cognitif, physique ? Peut-être ai-je une attitude un peu tragico-shakespearienne, mais je vis sérieusement avec cette angoisse et ce questionnement.

Un jour, je l'ai suivi. Oui, oui, je l'ai suivi parce que mon benjamin avait oublié sa casquette à la maison. Et je voyais tous ces petits qui se faisaient dévorer tout rond et tous ces parents qui rentraient, sereins, dans leur maison, sans même pleurer ou bien se jeter à terre et maudire les cieux de leur imposer une telle épreuve. Ils rentraient dans leur maison pour poursuivre leur journée. Pis moi, le tata, je courais après l'autobus dans l'espoir de… de… Oh et puis zut ! J'ai fait demi-tour et suis rentré à la maison, moi aussi, agissant plus par imitation que par conviction. Il faut choisir ses combats. Laisser aller ou ne pas laisser aller, telle est ma question !

SUPERPAPA

Pas besoin de gros muscles pour soulever un cœur.

Je ne veux pas mettre mes enfants sous une cloche de verre ! Quoique, des fois... Je me sens parfois dépossédé d'eux. Je sais que c'est tout à fait normal. Je l'ai appris avec le monstre jaune. J'avais encore de la difficulté à accepter que leurs regards ne soient pas toujours tournés vers moi. Je savais que c'était dans l'ordre des choses que mes enfants soit intéressés par d'autres personnes que moi. Je savais très bien qu'il était possible que d'autres hommes soient capables de leur apprendre des choses drôles et passionnantes. Mais ça m'agaçait. Je me sentais comme un superhéros qui tranquillement perdait ses pouvoirs, sa force, sa cape... Celle qui me faisait briller à leurs yeux. Est-ce que les superhéros ont des rencontres anonymes pour discuter de cape et de pouvoir perdu ? (Ce soir, 19 h, meeting de superhéros anonymes au sous-sol de l'église Saint-Jude.) J'avais besoin d'expliquer à d'autres superhéros pourquoi je sentais ma cape s'envoler sans moi. C'est peut-être à cause de mon orgueil de père mais, quand mon plus vieux me racontait qu'il avait eu du plaisir avec d'autres personnes ou d'autres pères, j'avais toujours cette réflexion : « Pourquoi ce n'était pas moi ? » Quand je voyais mes copains les faire rire ou leur faire découvrir quelque chose de nouveau, je me sentais dépossédé de mon rôle de héros. L'autre jour, mon cousin de la fesse droite éloignée a enseigné à mes gars à faire du vélo à deux roues. C'est pas une tâche de père, ça ? Oui, j'avais déjà essayé, et ma blonde aussi. Mais cette fois, ça a été lui, le superhéros. Je l'ai remercié, sincèrement. Mais j'avais, disons… un double sentiment. (C'est quoi, donc, le contraire de merci ?) Et il y a aussi mon meilleur ami… Quand il venait à la maison, mes gars étaient tellement heureux, ça n'avait pas de bon sens. Et le plus troublant, c'est que mon ami leur parlait d'une façon tellement ironique, dure, directe tout en riant, que si moi j'avais parlé comme ça à mon aîné, il serait allé bouder dans sa chambre pendant au moins 20 ans. Et là, il riait ! Je sentais ma cape de superhéros s'envoler sans moi. Je sais théoriquement qu'ils ont besoin de tous ces modèles, de tous ces héros. Mais je trouve ça difficile à accepter. J'aurais aimé être le seul.

Un jour, nous avons organisé une journée de plein air.

Mon copain (le même !) jouait au soccer avec les enfants (*j'haïs* ça, jouer au soccer !) quand mon aîné est tombé et s'est fait mal. Mon ami s'est élancé vers lui pour le consoler, mais le petit n'a rien voulu savoir. Il a crié, dans ses sanglots, « Papa ! » et il m'a tendu les bras. C'est moi qu'il voulait. Moi, son papa. Moi, moi, moi… juste moi. Personne d'autre. Alléluia ! Vous savez quoi ? C'est moi qu'il a consolé ce jour-là. Je n'avais plus de bobo après ça. J'ai retrouvé ma cape. J'étais guéri… pour toujours.

LA FATIGUE

Je suis à mon plus noir. Ça arrive.

L'autre jour, au centre commercial, je vois une petite fille recevoir, des mains d'une mascotte, un stylo gratuit pour célébrer la rentrée scolaire. Elle court vers sa maman, sourire aux lèvres, et lui montre fièrement le cadeau. La maman dit, du tac au tac : « Ben voyons, on en a plein ! » Plus de sourire. Fin du plaisir. Un autre jour, je suis à une fête d'enfants. J'ai bien dit une fête d'ENFANTS. Le petit garçon, 6 ans, pleure à chaudes larmes. Je sens très bien que ce ne sont pas des larmes de fatigue ou de bébé gâté. Il va voir sa mère pour se faire consoler, mais la maman, exaspérée, lui répond : « Si tu brailles encore de même, je te laisse ici. Laisse-moi tranquille, je jase. » À voir les yeux de l'enfant, je comprends qu'elle lui a fait très peur. Bizarre, il n'arrête pas de pleurer. Peu de temps après, je suis chez moi sur mon balcon et un père passe avec son enfant en pleurs. « Voyons, p'tit cr... Vas-tu arrêter de brailler ? Tu vois le gros monsieur ? Tu le déranges, pis y va se fâcher ! » Le gros monsieur, c'est moi. Il m'a donné un rôle que je ne voulais pas jouer. Bizarre, l'enfant n'arrête pas de pleurer. Un samedi matin, je vois un père assis sur un banc de parc qui regarde jouer sa fille d'environ 4 ans. La petite, tout sourire, vient voir son papa : « Viens me regarder ! » Il réplique qu'il la voit très bien du banc. Elle insiste. Il conclut en lui disant : « Moi aussi, j'ai besoin d'un *break* de toi, je travaille toute la semaine. » Plus de sourire...

Sommes-nous trop fatigués pour être parents ? Ne paniquez pas, je ne suis pas là pour vous faire la morale. Je me questionne sur mes agissements aussi. Il m'arrive d'avoir des attitudes inexplicables et inexcusables, des gestes de fatigue que, je l'espère, mes enfants oublieront avec le temps. Je ne veux pas m'enlever le droit d'être fatigué. Mais, quand la fatigue devient une note récurrente dans ma partition parentale, je doute de moi. Je doute de mon efficacité paternelle. J'abandonne le gros bon sens juste parce que... parce que, bon. Pis je m'en veux en maudit. Il n'y a rien de plus difficile et d'irritant que d'expliquer nos gestes et nos mots de fatigue.

Vous savez quoi ? Je crois que mon dernier a une puce électronique dans le corps (je ne sais pas où encore), qui lui permet de détecter le moment où je suis le plus fatigué pour me demander la chose la plus épuisante, ce qui va me mettre dans la plus grande colère qui soit. Oui, je sais que c'est la faute de la puce électronique et je ne sais toujours pas qui lui a implanté ce radar. Voilà pourquoi on répond sèchement peut-être... On ne sait pas qui est à la tête du complot ! Quel grand dirigeant nous vole nos enfants la nuit et les transforme en mutants électroniques ayant pour mission de nous faire sortir de nos gonds le plus possible ? Tout ça est la faute d'une société secrète. C'est elle qui distribue des stylos dans les centres commerciaux, c'est cette même puce qui rend nos enfants capricieux dans les parcs, qui les insécurise dans les fêtes et, surtout, qui les fait brailler sans aucune raison apparente.

Je chiale souvent sur ma vie, éprouvante et exigeante, au lieu de parler d'actions concrètes pour améliorer ma qualité de vie personnelle et familiale. Des fois, je ne sais pas par où commencer pour reprendre les rênes de ma vie parentale... Je dérape en fermant les yeux et en espérant qu'il n'y aura pas trop de blessés. Pis ça, ça me fatigue !

EST-CE QUE J'EN FAIS TROP ?

— *Oui.*
(Réponse gracieusement offerte par ma blonde.)

Mon Dieu, que je veux toujours trop en faire ! Vont-ils aimer ça ? Est-ce que c'est assez ? C'est-y assez loin ? C'est-y égal pour tout le monde ? Est-ce que je choisis la bonne couleur ? Me semble qu'on ne va pas assez souvent au restaurant. Devrais-je leur creuser une rivière ? Est-ce qu'on devrait aller plus souvent à la bibliothèque ? Leur acheter un Toys "R" Us ? Un ranch ? Un zoo ? Une fusée ? Devrais-je leur construire un château en blocs Lego ? Un manoir en gâteau ? Une auto en Jell-O ? Sont-ils heureux que je sois leur papa ? Moi qui déclare depuis des années que la culpabilité est essentiellement féminine, je change mon fusil d'épaule. En direct. Là, devant vous tous.

Je viens de comprendre concrètement le principe de l'offre et de la demande, qui n'était que théorique pour moi. Depuis quelques mois, je me sens coupable face à des enfants exigeants. Qu'est-ce qui vient d'abord ? L'œuf ou la poule ? Ils en demandent beaucoup parce que j'en donne beaucoup ou bien j'en donne beaucoup parce qu'ils en demandent beaucoup... trop ? Je me sens coupable de les avoir rendus exigeants, et en même temps coupable dès que je leur refuse quelque chose. Je vous donne un exemple concret : l'autre jour, je passe la journée avec mes gars, on joue dans tous les foutus parcs qu'on trouve, on joue ensuite aux quilles (juste après le cinéma !), on va à des ventes de garage. On dîne au resto. On soupe au resto. Lorsqu'on revient à la maison, je refuse d'inviter des amis parce qu'il est 18 h et qu'il faut se laver juste avant de finir la journée. En un instant, dans l'espace d'une milliseconde, je passe du meilleur papa du monde au pire papa qui ait jamais foulé le sol de ce prélart. Oui, mais Caligula est fatigué. Moi, je n'en peux plus. Eh bien, je vous jure sur la tête de saint Papa, je vous jure que dans leurs yeux, il y a une peine réelle. Éphémère, mais réelle. Pis c'est venu me chercher. Et paf ! je me suis senti coupable. J'ai eu le goût de leur dire, pour leur prouver que je ne suis pas le tortionnaire, le bourreau, le lâche, le paresseux qu'ils pensent que je suis : « Demain, les gars, on ira là et là, et là et là. On fera tout ce que vous voudrez. Et je vous achèterai chacun un cadeau. » Je sens que j'ai cinq ans et demi et que je suis en train de me débattre comme un *yabe* dans l'eau bénite pour m'excuser de quelque chose. Alors ? Je fais quoi ? D'abord, je parle à ma blonde. Elle est bien bonne pour me dire tout ce qui ne tourne pas rond dans ma paternité. Et avec une précision… féminine. Elle peut marquer précisément les moments où je suis allé trop loin. Ce n'est pas un beau moment à passer, car l'orgueil est mis à rude épreuve. C'est comme tondre le gazon : c'est chiant, mais c'est mieux après.

J'ai réalisé les contre-coups de mes exagéra-tions. Je faisais face à la chose la plus difficile : assumer ma paternité avec ses zones d'ombre. *Bondance* que c'est diffi-cile à assumer. Heureu-sement, donc, il y a ma blonde pour me donner un coup de pelle der-rière la tête et me faire sombrer dans un pro-fond sommeil juste avant que je promette quoi que ce soit… (Afin d'éviter des lettres de protestation, je tiens à vous dire que les coups de pelle sont une métaphore pour exprimer le sentiment d'urgence d'une intervention nécessaire et rapide de la mère avant que le père ne se mette dans la marmelade avec des promesses qui dépassent sa capacité à les réaliser. Merci !) Ouf ! L'honneur de la paternité est sauvé… pour le moment. Je demeure quand même fragile et je sens qu'ils pourraient me faire flancher sur autre chose. Mais ma blonde se tient au garde-à-vous une pelle à la main, prête à toute intervention. J'aime ma blonde. J'aime le père que je deviens grâce à elle. Et pour les coups de pelle, c'est comme un témoin dans une course à relais, on se les passe.

TROIS FOIS SUR LE MÉTIER...

Neil Armstrong ? Pffft !
Moi, je visite trois planètes par jour.

Je ne suis pas un père, je suis un astronaute. Je voyage toute la journée entre trois planètes différentes. Je voyage à la vitesse de la lumière entre trois univers qui n'ont que très peu de choses en commun. Mes trois fils sont si différents que ça déséquilibre son homme comme on dit. Si vous avez plus d'un enfant, vous savez de quoi je parle. Ils ont chacun leur façon de me demander quelque chose. Ils ont chacun leur façon de me séduire. Épuisant. Quand l'un veut faire une activité, l'autre ne veut pas et le troisième dit que personne ne l'écoute jamais. Quand le deuxième propose une activité, c'est sûr que ça n'adonne pas au troisième, et le premier refuse parce que... juste parce que ! À ce moment-là, le troisième veut faire autre chose, ce qui met en colère le premier, et le deuxième décide finalement que plus rien ne lui convient et qu'on fait tout pour ne pas respecter qui il est... Alors le premier embarque dans la crise existentielle et le troisième se met à pleurer parce que c'en est trop et veut changer de famille.

Un exemple, je propose une sortie, au resto. Le premier veut bien venir à condition qu'il puisse apporter son Nintendo DS (ce que je refuse), le deuxième ne veut pas un resto avec un menu parce qu'il faut attendre (entendre qu'il veut aller au McDo… ce que je refuse) et le troisième veut absolument du spaghetti, ce à quoi le premier réplique qu'on peut en faire à la maison mais qu'on ne fait pas de sushis à la maison, donc qu'on va aller manger des sushis. Le deuxième intervient alors en disant qu'il n'y a aucun problème avec les sushis tant qu'il peut commander des pogos, et le troisième dit à ce moment qu'il veut changer de famille (ce que je refuse). Et c'est reparti ! À ce moment, la divine autorité parentale met le holà aux activités de la journée et on oublie tout ça. (J'aurais vraiment aimé savoir quoi dire à cet instant, être la Sainte Trinité rassembleuse, mais

bon...) Trois façons de voir la vie, de vivre la vie, de penser la vie. Bien sûr, parfois ils réussissent, à certains moments bénis, à faire quelque chose ensemble, mais le chemin parcouru pour en arriver là est très ardu. Le plus surprenant dans tout ça, c'est que leurs affrontements n'ont pas l'air de les rendre malheureux. Ils apprivoisent le monde avec leurs confrontations. Mais moi ! Moi dans tout ça ! Je deviens un tri-père, une même chose qui doit se diviser en trois. Et chaque tiers de moi doit s'adapter aux modes de vie de ces planètes indépendantes. Si au moins je pouvais les chicaner de la même façon. Mais non ! Il y en a deux sur trois qui ne comprendraient pas ce que je veux dire. Pour l'un, je serais juste fâché (encore !) ; pour l'autre, je serais impatient (comme toujours) ; et le dernier ne comprendrait pas ce qui se passe, avec ses yeux qui disent : « Quoi, j'en ai-tu manqué un boutte ? » Ce serait tellement plus simple de juste envoyer tout le monde dans sa chambre, ou dans le coin, ou au cachot. Mais même si je faisais ça, j'aurais trois réactions différentes : le premier penserait qu'il est le pire fils au monde et tomberait dans le mea-culpa, le deuxième irait sûrement me brandir la Charte des droits et libertés des deuxièmes de famille, et le troisième me dirait que maman est tellement plus compréhensive.

Je dois les prendre un par un et leur expliquer le pourquoi de ma colère ou de ma réaction.

Est-ce que j'ai l'air de me plaindre ? Pas du tout, parce que primo, on sait que les pommes ne tombent jamais bien loin du pommier et que, deuzio, quand les trois décident de vous dire chacun à leur façon qu'ils vous aiment, c'est un trio qui vous stimule pour la semaine... et alors même moi, je ne veux pas changer de famille.

LE CONTRAIRE D'ÉDUCATIF...

Avec quoi lavez-vous « la toilette » ?

J'adore entendre mon deuxième dire, du haut de ses 4 ans : « Moi, quand j'étais petit... » Ça me met dans un tel état de bonheur ! Les enfants ont de ces réflexions, de ces visions, de ces pensées... Tout ce qu'ils ont accumulé comme mots d'esprit, sans savoir que nous, parents, vivons pour ces petits moments littéro-comiques.

Mon dernier a 3 ans. Nous révisons les noms des parties du corps. Je lui montre le coude, il dit « le coude ». Je lui montre l'épaule, il dit « l'épaule ». Je lui montre l'aisselle, il dit « le guili-guili ». Rires... aux larmes ! Mon deuxième me dit : « Papa, les gazelles, ça sert à quoi ? » Je ne sais pas quoi répondre, sinon que ce sont de jolis animaux et des buffets pour les lions. Il reprend : « Oui, mais on fait quoi, avec des gazelles ? » Rien ! Ma réponse ne le satisfait pas et il continue de me questionner. Finalement, ma réponse sur le braconnage l'intrigue. « Alors, on n'a pas le droit d'avoir des choses faites en gazelle ? » Non, c'est ça, chéri ! Il me dit alors, un peu inquiet : « Alors papa, il ne faut pas le dire que tu laves la toilette avec de l'eau de gazelle ! » Rires… aux larmes.

Tous les soirs en quittant la chambre de mon premier, après l'histoire, je lui souffle un bec de la porte et je le regarde en disant, le pouce levé : « Yes, sir ! » Et, tous les soirs, il me regarde quitter sa chambre en levant son pouce et en répétant : « Yes, sir ! » Un après-midi, je l'entends venir à moi en larmes. Il me dit qu'il s'est fait mal. Je lui demande où. Il me répond, spontanément, en me montrant son pouce : « Au yes sir ! » Rires… aux larmes.

J'ai déjà entendu mon deuxième, quatre ans et demi, me dire, alors que je l'envoyais en punition : « Non mais, ça a-tu du bon sens, de faire ça à ses enfants ? » Ou bien mon premier qui s'enrage à la table en voyant papa et maman déconner et qui ordonne : « Non mais, pourriez-vous, s'il vous plaît, agir comme des parents normaux ? » Le dernier, me répondait gentiment, chaque fois que je lui demandais de ranger ou d'aller chercher quelque chose : « Tu as eu l'idée, tu le fais ! » C'est parfois mieux que des photos, les mots d'enfants. Qu'est-ce que je corrige, qu'est-ce que je laisse passer ? Quand le chapeau est un « papo », un rat musqué, un « rat musclé », et qu'un hippopotame devient un « hipopopopotamtam », je plane sur le bonheur de voir les enfants devenir plus grands et se battre avec de nouvelles idées et de nouveaux mots. Je n'ose pas intervenir. Pas tout de suite. Je ne suis pas pressé de les voir avoir raison à chaque mot. De les entendre réfléchir comme les grands. À supposer qu'on réfléchisse bien… Ils sont pour moi source de repos et de rires. Je ne veux pas aller plus vite que ce que leur âge leur permet d'absorber. Des fois, et je dis des fois, je m'insurge contre cette mode qui veut que tout soit éducatif. On leur fait subir les garderies éducatives, les livres éducatifs, les émissions éducatives, les activités extérieures éducatives, les repas éducatifs, les sous-vêtements éducatifs, les éducatrices éducatives… Et si on admettait que la vie est éducative en soi ? Est-ce que ça ne nous libérerait pas d'une lourde tâche ? Ne serait-il pas plus simple de faire confiance au temps et à la vie ? Ça nous laisserait juste assez de lousse pour nous amuser et rire en masse lorsque votre enfant dit qu'il cherche dans le frigo les trois fromages de Noël…

Après une semaine, on a fini par comprendre que les trois fromages s'appelaient Melchior, Balthazar et Gaspard !

UN PÈRE À L'ÉCOUTE

Quoi!?!

Il y a des jours où je ne me sens pas bien et ne veux rien savoir de bien me sentir. Il y a des jours où je ne me sens pas bien et fais tout pour lutter contre cet état. Il y a des jours où je me sens bien et ne le sais pas. Et il y a des jours où je me sens bien et ça m'énerve. Puis il y a des jours où je me sens bien et puis… rien. Le train-train. Et tout ça dans la même semaine. Imaginez-moi maintenant avec trois enfants qui n'en ont rien à foutre de mes états d'âme. La paternité et l'existentialisme ne vont pas de pair. Impossible de marier état d'âme et lavage. On ne peut pas mettre ensemble « faire le dîner » et « faire un discours sur l'apport de la colère dans l'estime de soi ». Je sais que ce n'est pas le lot de tous les pères d'avoir l'humeur changeante. Même ma blonde trouve que je réfléchis trop.

Beaucoup de pères sont dans l'action. Mais j'ai été témoin de la conversation entre deux gars parlant de leur malheur de ne pas pouvoir parler plus souvent de leur for intérieur. On dirait que la parole est donnée aux femmes et que s'asseoir entre gars pour dire ce que l'ont ressent tient plus de l'événement que du geste familier. Il faut faire partie d'une association pour justifier ce geste. Il faut que le cadre soit plus que rassurant pour laisser sortir le motton. Je sais qu'il n'y a pas que moi qui accumule des mottons dans sa vie de papa. Des choses qui ne sont pas si graves que ça, mais *bonyenne*

que ça fait du bien de les exprimer à un ami. Un autre gars. Un autre papa. Il y a des propos qui ne s'adressent pas à ma blonde. Puis parler n'est pas nécessairement dire quelque chose d'utile à l'avancement de l'économie mondiale, mais dire ce qui est en nous et qui veut sortir, juste pour faire de la place à autre chose. Parler pour parler.

Autour de la table, j'essaie de créer une ambiance favorable pour faire parler mes trois gars. Et je sens l'effort qu'ils doivent déployer pour rassembler tous les mots qui éventuellement exprimeront une pensée complète, juste, précise. À 9 ans (je pensais que ce phénomène allait arriver vers l'adolescence), mon fils semble avoir perdu du vocabulaire. Il y a plus de bouts de mots, de morceaux de bruits dans sa bouche pour exprimer une idée simple, que de phrases complètes... Mais j'insiste : il doit faire l'effort... Lorsque le processus est enclenché, mes garçons y prennent goût et ils en viennent à chercher des sujets de conversation. Ils savent que j'ai l'oreille au garde-à-vous. Pour eux. Pis un peu beaucoup pour moi, c'est certain. Je me rends compte que quand ça va bien, quand le jell-o pogne autour de la table, ils en viennent même à nous faire des confidences intéressantes, à nous révéler des choses qu'ils nous cachaient depuis un certain temps, des choses qu'ils refoulaient dans leur petit bedon parce que notre rythme de vie nous empêche souvent d'être disponibles... Par respect pour mon fils, je ne vous révélerai pas ce qu'il m'a avoué ce soir-là, c'est-à-dire que depuis trois mois il ne portait pas ses souliers et ses orthèses en classe, mais de vieux mocassins tout décousus que je lui avais interdis de porter ici, à la maison, vu la fragilité de ses chevilles. Le soir où le chat est sorti du sac, nous l'avons d'abord félicité de nous l'avoir dit. Nous avons aussi dû lui demander de rapporter ses mocassins et de reprendre ses souliers. Ça a été facile, vu l'ambiance. Je ne dis pas sans heurt, mais plus facile. Tout ça m'amène à penser à plus tard, quand les confidences seront plus musclées, auront-ils le réflexe de venir nous voir ou encore auront-ils de la facilité à se confier à quelqu'un qui saura les écouter ? C'est certain que je souhaite que cette personne soit moi. Qu'est-ce que vous pensez ? Après toutes ces années d'acharnement et d'investissement, je souhaite être encore l'oreille qui accueille leurs bonheurs et leurs potins amoureux, mais bon ! On verra ! Finie, je l'espère, cette difficulté que nous avions, nous, les gars, à racon... à parler des... à partager les... *Entoukâ* à dire des affaires.

LETTRE D'AMOUR D'UN PÈRE À UNE MÈRE

*« Moi, si un jour je suis un couple,
je voudrais être nous deux. »*

Grand Corps Malade

Est-ce que les enfants vont nous user, mon amour ? Tout ce que nous nous souhaitions comme amants, l'aurons-nous aussi comme parents ? Nos yeux vont-ils rester allumés, brillants, vivants, malgré les couches, les pleurs et les nuits blanches ? Allons-nous rester en harmonie, même si nos enfances se rencontrent à travers la leur ? Tu sais, notre enfance, c'est un peu comme un port d'attache auquel on tient parfois un peu trop fort quand vient le temps de fonder sa propre famille. Mais surtout, vais-je rester un homme désirable à tes yeux ? Celui qui te faisait rire (quand nous étions insouciants). Celui qui faisait des choix insensés (quand nous n'avions rien au programme). Celui qui dépensait pour des folies (quand nous n'avions plus d'argent). Celui qui avait tout le temps de te séduire (quand nous n'avions pas d'enfants). Allons-nous rester en amour ? En amour fougueux. En amour charnel. En amour passionnel. En amour.

Est-ce que les enfants vont nous user, mon amour ? J'ai vu trop de couples ne pas s'entendre au sujet des enfants et se séparer. Je ne te parle pas de statistiques, mais de gens que je connais. Des couples qui s'aimaient. Tout à coup, les enfants apparaissent et, pouf, le couple disparaît. Parce que, avec les enfants, nous formons plus qu'un couple, nous sommes une équipe aussi. Si je passe d'amant à père, qu'est-ce que je perds ? Je sais très bien que je gagne beaucoup. Mais, entre toi et moi, qu'est-ce que nous perdons ?

Tu te souviens ? En 1989, sur le trottoir, la nuit, je t'ai embrassée pour la première fois. Dans ce baiser, il n'y avait pas de mariage, d'enfant, de voyage, ni de chicane. Il n'y avait que toi et moi en amour. Ce premier feu qui nous étourdit. Deux personnes seules sur une nouvelle planète. Il n'y avait rien à faire ou à défaire, juste à s'embrasser.

Quelques années après, Matisse est arrivé. Il était encore tout chaud, et mon premier réflexe (après avoir pleuré comme une Madeleine) a été de t'embrasser. Je ne crois pas que j'embrassais la mère. Peut-être que je n'embrassais pas non plus la jeune fille que j'avais connue, mais le même amour me dévorait. Je t'embrassais pour te confirmer ta présence dans mon cœur. Toi en moi.

Un jour, ils quitteront la maison. Je suis sûr que, au moment où le dernier de nos gars sortira avec sa valise et que l'écho du vide se fera entendre dans la maison, mon réflexe sera de t'embrasser. Pour, une fois encore, te dire que je t'aime. Tu es la première dans mon cœur.

Tu l'étais avant les enfants. Tu l'es pendant les enfants et (je l'espère ardemment) tu seras encore la première après eux.

Mais, je le redemande… Les enfants vont-ils nous user avant ? Comment faire pour ne pas nous oublier ? Parfois, j'ai l'impression que penser seulement à nous, c'est un péché. Qu'une fois qu'on est parents, les gens de notre entourage nous font cadeau de la culpabilité.

« Ah oui ? Vous les laissez seuls toute une fin de semaine ?

— Ils ne sont pas seuls, ils sont avec leurs…

— Non, mais moi, je ne serais jamais capable.

— Mais, c'est pas facile pour nous non plus, je…

— Ah oui, mais ils sont si petits, je serais pas capable de les abandonner !

— Oui, mais, madame, je ne les abandonne pas, j'veux juste…

— Pauvres petits ! »

Cela veut-il dire qu'être en amour n'est plus compatible avec notre nouveau rôle ? Pas seulement être en amour mais vouloir le vivre. Seuls. Te souviens-tu de ce que nous avait dit cette mère expérimentée, croisée sur le trottoir : « Dans la vie, quand on a des enfants, il faut d'abord penser à soi, puis au couple et, finalement, à la famille. Il faut absolument respecter cet ordre de priorités. Parce que si on fait fi des deux premiers (soi et le couple), on ne pourra pas être de bons parents. C'est aussi simple que cela. » Moi, j'ai adoré cette rencontre. Je nous vois encore gambader sur le trottoir après avoir quitté cette femme. Elle venait de nous soulager, de nous délester d'un poids terrible. Nous avions envie d'adhérer à sa vision des choses.

Tu sais, mon ange, je veux gambader avec toi encore longtemps.

OÙ IL EST, MON NANANE?

PAPA n. m. – *Petit être fragile, ayant besoin d'autant d'attention qu'il en donne.*

L'autre jour, j'étais là… juste là. Les enfants jouaient dans la maison, me demandant des choses, se disputant, et moi, j'étais là. Sans vie. Ne répondant plus. Plus de son, plus de lumière. Un papa zombie. Je n'étais même pas dans la lune. Je n'étais juste plus là. Et je me demandais s'il n'y avait pas, des fois, une compensation à être père. Ce jour-là, je me sentais tout seul… trop seul. J'aurais souhaité que quelqu'un vienne me donner une petite tape sur l'épaule, avec un « lâche pas », un « bravo, beau travail », un « félicitations, tu as fait la vaisselle même si ça te tentait pas *pantoute* », un nanane en quelque sorte ! Quoi qu'on dise, devenir père, c'est la fin de quelque chose. Et je le sentais ce jour-là. C'est un grand chamboulement, la faille de San Andreas. C'est la fin d'un style de vie. Oh ! Je vous entends me dire : « Oui, mais on y gagne tellement avec des enfants. » Ce à quoi je réponds : « Ce ne sont pas les enfants qui m'attristent, je les ai choisis. Ce qui m'attriste, c'est moi. »

Comprenez-moi bien, je ne suis pas triste d'être père. Mais, parfois, je me trouve *plate*. Je trouve que je perds en folie instinctive, en choix insensés, en décisions absurdes. L'épice de la vie, au fond! Parce que je suis entré dans les souliers d'un père. Et peut-être qu'un nanane me remonterait le moral. Ce n'est pas tout le temps aussi ludique que je le croyais. Oh! Je vous entends me dire : «Oui, mais les enfants, ça vous garde tellement jeune!» Ce à quoi je réponds (encore!) : «Je ne suis pas intéressé à la jeunesse éternelle. Mais je sens que l'arrivée des enfants m'a ralenti, voire gelé, dans ce que j'étais. Tout à coup, les soucis, les responsabilités, les inquiétudes ont pris le dessus. Et c'est pourquoi je demande une compensation en attendant. Un nanane qui me ferait du bien dans mon âme d'homme-père, d'ex-enfant.»

Mais si j'insiste pour qu'on me fasse du bien, c'est qu'il y a un malaise, me direz-vous (oh ! vous !). Je suis déçu de moi-même. Alors, quoi faire ? Qu'est-ce que je veux vraiment de cette paternité ? Comment ? Vous me donnez une baguette magique et je peux revenir en arrière ? Mais non, vous ne comprenez pas, ça ne m'intéresse pas du tout. (Tout au plus pour retrouver ma taille de jeune fille…) Mais c'est surtout pour eux que je ne veux plus de cet air si paternellement sérieux… Alors ?

Oui, bien sûr, je les connais, mes responsabilités et mon rôle. Mais là, le plus important, c'est que j'essaie de me convaincre que l'enthousiasme et la folie ne sont pas les ennemis de la discipline et de l'autorité paternelle. (L'autorité n'étant d'ailleurs pas une attitude extérieure, mais un état intérieur.) J'ai oublié d'avoir du plaisir. J'ai cédé à la panique. (Quand un enfant vient au monde, il faut réagir vite, on devient tout à coup parent. Il n'y a pas de zone tampon entre la naissance et l'arrivée à la maison, c'est embêtant, ça. Il nous manque une ou deux semaines pour réaliser le tout et réagir en conséquence.)

Qu'est-ce que je veux leur laisser en héritage ? Un père sérieux, avec toutes ses lettres de noblesse, ou bien un papa, tout simplement ? Entre père et papa, la différence est dans l'invention. Qu'est-ce que je ferai de ce rôle ? Je comprends de plus en plus que c'est moi qui tiens les rênes de ma paternité. J'ai le contrôle. Mon petit deuxième vient me déranger pendant que j'écris ces lignes : « Papa, attache ma cape. » « Je n'ai pas le temps, je suis en train d'écrire pour un grand magazine sur les

enfants, je… » « Papa, attache ma cape, c'est très important si je veux voler… » « Mais, Sacha, papa vient de te
dire qu'il travaille et… oh et puis tant pis, viens ici que
je l'attache ! Tiens, va et ne me dérange plus. » Il part et
revient aussitôt. « Papa ? » « QUOI ? » « Je t'aime gros
comme mon cœur d'univers. » Et là, je me dis… le voilà,
mon nanane. Mais pourquoi j'ai répondu : « Moi aussi »,
alors que j'aurais aimé répondre : « Papa, lui, il t'aime
gros comme une tarte au chocolat grosse comme la lune
en forme de cœur » ? Je ne sais pas ce qui m'a retenu.

LAISSEZ-MOI LES BERCER

La chaise berçante : le bunker père-enfant.

L'autre jour, j'étais en train de bercer mon dernier, lorsque je me suis fait dire par la vieille matante : « Fais attention, tu les berces trop. Tu vas les gâter, il faut qu'il s'endorme tout seul dans son lit. » En plus, la femme qui me dit ça n'a jamais investi une seule vergeture dans un enfant. C'est fou comme les gens qui n'ont jamais eu d'enfant s'y connaissent en psychologie familiale. Pour la première fois de ma vie, j'ai décidé de lui répondre... Ça coûte cher de répondre, vous savez. Surtout à une vieille matante. (Mais ça fait du bien !) Ce n'est pas qu'elle voulait être méchante. Mais elle est venue me bousculer dans une période de QPI (Questionnement Paternellement Intense). (Elle vient toujours me chercher d'une façon ou d'une autre.) Mon questionnement était le suivant : à partir de quel moment en fait-on TROP pour ses enfants ? Quand finit-on par les couver ? À quel moment les étouffe-t-on ? Moi, le papa « nouveau genre » (que *j'haïs* ça, tous ces termes-là !), « celui qui veut faire comme la mère », comme dirait

ma vieille matante, elle est où, ma limite de *gâtage*
permise ?

(Vous savez, c'est si nouveau ce genre de paternité-là
que personne ne sait quoi faire avec. Personne ne sait
de quel bord la prendre. Qu'est-ce qu'ils veulent au juste,
les nouveaux papas ? Qu'ont-ils de plus à apporter ? Vous
savez quoi ?… Je ne le sais pas ! C'est peut-être comme
une suite logique des choses. On ne le saura que dans
50 ans si c'était une bonne affaire. Pour le moment, c'est
ça qui est ça.)

Alors, est-ce qu'on les gâte trop ? Même nous, les
pères ? Je ne le sais pas. Qu'est-ce que ça veut dire, trop
les gâter ? Est-ce que c'est les protéger du monde extérieur et de ses mauvaises nouvelles ? Les protéger des
mauvaises personnes qui seraient juste méchantes avec
eux ? Les protéger des mauvaises idées avec lesquelles je
ne suis pas d'accord ? Faire en sorte que personne ne leur
fasse mal physiquement ou moralement ? Qu'un professeur ne les chicane jamais ? Qu'une image ne les trouble
jamais ? Tout contrôler dans leurs vies afin de les garder
éternellement heureux ? Filtrer tout ce que les autres
ont à leur dire ? Exiger que tout le monde rie de leurs
blagues ? Les protéger de toutes les maladies incurables ?
Leur faire réussir tout ce qu'ils entreprennent ? Exiger
de tous leurs amis qu'ils en fassent des héros ? Faire tout
pour qu'ils gagnent tous les concours, toutes les courses
et tous les cœurs ? Vous savez, je ne suis pas fou. Je sais.
Ça n'a pas de bon sens. Mais c'est plus fort que moi, c'est
ce que je souhaite quand même.

Peut-être que la vieille matante voulait me dire que, malgré tout mon amour pour mes enfants, je ne dois pas oublier de les préparer au monde extérieur. Je trouve ça tôt. Je sais que ça viendra le monde extérieur, et ça me fait déjà mal. J'ai déjà le goût de casser la gueule des pas fins. Ça me fait mal de voir ces petits êtres de 4-5 ans partir seuls de la maison et peut-être subir du mépris ou de l'abandon. Ça me tue d'imaginer mes gars seuls, errer dans la cour d'école, rejetés par des amis, en manque d'attention, en manque de moi... Ça m'empêche de dormir... déjà ! Alors, si je les berce, mes bébés, c'est pour faire des réserves. Des réserves de petits gars parfaits, naïfs, beaux et surtout pas encore meurtris par la vie.

Si je les berce, chère vieille matante adorée, ce n'est pas que je les gâte trop. C'est que je me console.

... et c'est pas fini.

TABLE DES MATIÈRES

Merci à toute l'équipe du magazine *Enfants Québec* pour la confiance et la liberté que vous m'offrez depuis la fameuse rencontre. Merci à Ève Christian, Sylvie Payette et à toi Françoise Robert, patiente Françoise. Merci à vous, les lecteurs du magazine, pour vos précieux commentaires.

*

Écrivez à Martin Larocque à partir de son site Internet :

www.estimedesoi.ca

PROTÉGEONS
NOS FORÊTS

CE TROISIÈME TIRAGE A ÉTÉ ACHEVÉ D'IMPRIMER EN NOVEMBRE 2011
SUR LES PRESSES DE MARQUIS IMPRIMEUR
À MONTMAGNY
SUR PAPIER ENVIRO 100 % RECYCLÉ

The Pyongyang river front

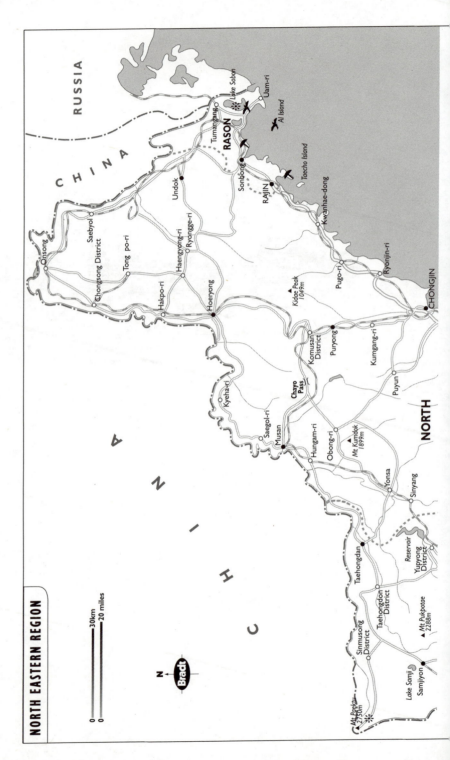

NORTH EASTERN REGION

RUSSIA

CHINA

Lake Soban
Uam-ri
Tumangang
RASON
Al Island
Undok
Sonbong
RAJIN
Taecho Island
Haengyong-ri
Ryongge-ri
Kwanhae-dong
Saebyol
Onsong
Tong po-ri
Chongsong District
Hakpo-ri
Hoeryong
Pugo-ri
Ryonjin-ri
Kidae Peak
1049m
CHONGJIN
Komusan
District
Punyong
Kumgang-ri
Kyeha-ri
Chayo
Pass
Puyun
Saegol-ri
Musan
Hungam-ri
Obong-ri
Mt Kumdok
899m
Tonsa
Sinyang
NORTH
CHINA
Taehongdan
Reservoir
Yupyong
District
Taehongdon
District
Mt Pukpotae
2288m
Sinmusong
District
Lake Samji
Samjiyon
Mt Paektu
2750m

N

Bradt

0 ──── 30km
0 ──── 20 miles

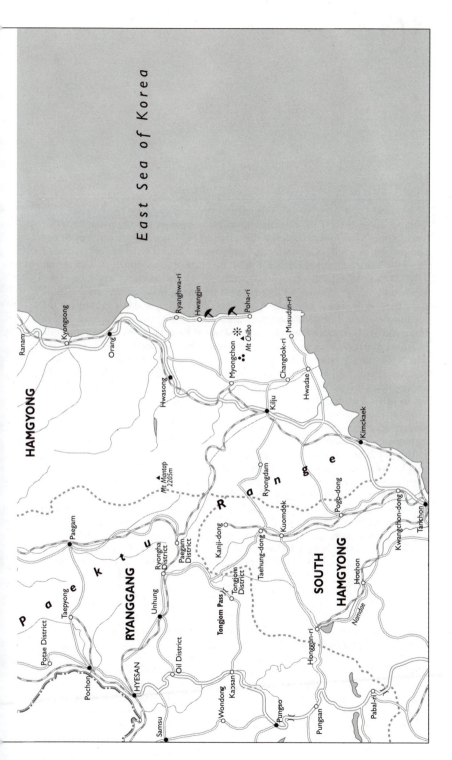

East Sea of Korea

HAMGYONG

Ranam
Kyongsong
Orang
Ryanghwa-ri
Hwangjin
Poha-ri
Musudan-ri
Myongchon
Mt Chilbo
Changdok-ri
Hwasong
Kilju
Hwadae
Kimckaek
Mt Mantap
2205m
R a n g e
Ryongdam
Paegam
Kuomdok
Pogo-dong
Tanchon
Ryongha
District
Paegam
District
Kanji-dong
Taehung-dong
Kwangchon-dong
Taepyong
Unhung
Tongjon
District
Hochon
Potae District
Pochon
HYESAN
Oil District
Tongjon Pass
SOUTH
HAMGYONG
Namdae
Pabal-ri
Samsu
Wondong
Kasan
Pungso
Hongtin-ri
Pungsan

RYANGGANG

P a e k t u

10

Northernmost Corner

RAJIN-SONBONG

42.4° north, 130.4° east; North Hamgyong Province, bordering China and Russia

Wedged up in the DPRK's northeasternmost corner is the Rajin-Sonbong Free Trade Zone. This 750km² area was dedicated in 1991 as a foreign investment zone and prospective hub of investment, industry and export by road, rail and sea to Russia, China and wherever the Pacific can take it. Two-thirds of the region's 150,000 people inhabit Rajin and Sonbong, many working in Rajin's port, Sonbong's oil processing refineries and the iron, magnesium and ceramics industries on the cities' outskirts. As such, it's been promoted less for tourists than for businessmen, but even then the zone's development is taking time, and the Rajin and Sonbong zone, collectively known as **Rason**, encloses an area of forested hills and wetlands, lakes and the Tuman River delta with an abundance of wildlife. The 150km-long coast running down to Mt Chilbo chops from long, sandy beaches in lazy bays to dramatic cliffs and rock outlets engineered by Vulcan. The winter along this part of Korea's East Sea is cold and windy and temperatures can fall to –10°C, while August peaks the summer's warmth at 25°C.

Rajin's port facilities are due to be revamped in a deal with Chinese developers, as the city is a prime export location for northeast Chinese industries. The deal promises an industrial park, tourism facilities and the beefing up of road and rail links.

But a Chinese takeover of Rajin is worrying the Russians as it could make problems for their grand plan to link its Trans-Siberian railway to the in-the-pipe Trans-Korea railway (numerous caveats to such a plan notwithstanding). Russia and the ROK have their own plans to build a large industrial and chemical complex and zone in Rason. Hence the economic prospects for this pocket of the DPRK are reawakening in not atypical local style, with a multi-national bun-fight.

Apart from more amusements for business types, tourism in Rajin and the Rason environs might benefit from a regular rail link being plotted from Rajin to Mt Paektu. This rail link would be plied by travellers going to Mt Paektu on the cruise ships from Sokcho. Instead of taking in the long-winded, multi-visa ROK–Russia–China route, Paektu visitors would sail straight to Rason's Hoiryong and Musan harbours and rail to the mountain. But don't hold your breath. As it is, Rajin is not an unpleasant town, nicely spruced up and maintained for the big business yet to come, with wide tree-lined roads and a scattering of American cars.

WILDLIFE The variety of the landscape, with its forested hills falling into the sea and the Tuman River delta wetlands, makes it home to a similarly wide variety of waterfowl and migratory birds; the area is considered by experts as a key staging post in this part of Asia for long-range birds. At the northern end of Rason is a series of shallow lagoons, including Korea's largest, the metre-deep, 41km-round Lagoon Sonbong. These are home to tens of thousands of ducks, while crane types known around here are red-crowned, white-naped, Siberian and hooded. Baikal teal and Baer's pochard breed here, too. In Rason Bay is the **Al Some (Egg Island) Bird Sanctuary**, which is the main home for 100,000 seabirds, including Temmincks' cormorants, common and spectacled guillemots, ancient murrelets and white-winged scoter. Other birds spotted in these parts include widgeons, tufted ducks, gargany, common teal, mallard, pintail, shovellers, mandarin duck, grey and white heron, snipe, dusty redshanks, sandpipers, quail, pheasant, harrier, osprey, kite, sparrowhawks, tit-larks, wagtails, skylarks, and eagle-owl, red-throated and arctic divers, black and red-necked grebes, and many types of egret and goose. A comprehensive guide to the birdlife of the Rason zone, by Dr Philip Edwards, Nicholas Pertwee and Peter Garland, is printed in the summer 2003 *Journal of the Korean Ornithological Society*.

Also in Sonbong Bay is the **Uam Seal Sanctuary**, reachable by boat. Up in the Rason hills dwell bear, wild boar, racoon, fox and musk rat, ground squirrels and hare. Two-thirds of Rason's surrounding land is forested hills and mountains, on which grow Korean pine, larch, oak, maple, fir, spruce and birch, although local needs for firewood have had a notable effect on the forests.

GETTING THERE Rajin to Hamhung is 488km by rail and more or less the same by car, following the east coast. Air Koryo advertises a charter flight to Orang airport, a belt down the coast, but its use is extremely infrequent and is expensive, mostly a route used for ferrying large groups to Chilbo and Chongjin. In summer, a charter train runs from China's Tuman city to Rajin (currently for Chinese tourists only). There is the Quanhe/Wonjong Bridge across the Tuman River in Wonjong in the zone's northwestern corner. It's three hours by car from Yanji to Quanhe, and 90 minutes' drive from Wonjong to Rajin. In practical reality, if Rason is the target, the best (if not only) way to get there is from China, by being driven from the PRC, on tours either by bus or in 4x4s.

International tourists do not need a visa to visit the Rajin-Sonbong Zone but will need a visa to get into the DPRK which must be crossed. An invitation letter is required from the Rason City Tourism Administration (minimum three days processing), together with a passport valid for one year after entry to the Rajin-Sonbong Zone, faxed copies of relevant passport pages, a curriculum vitae with contact details, and itinerary.

WHERE TO STAY Rason's tourism facilities are being beefed up by the DPRK and Yanbian region's tourist authorities, helping to guide welcome investment into restaurants, hotels and taxi services.

Rajin Hotel (98 rooms) Large, white, modern building on eastern shore of Rajin Bay. Karaoke, sauna, massage, pool tables, revolving restaurant. $$$

Pipha Hotel (36 rooms) At the foot of Mt Ryongsu. Hotel with 4 guesthouses. Karaoke. Low level, quite pretty. $$

Pipha Tourist Hotel On the seashore near the Pipha Hotel. Can sleep 200. $

Namsan Hotel (30 rooms) In the heart of Rajin district. $

Sonbong Hotel (52 rooms) In the heart of Sonbong county. Grey barracks. $

Uamsan Hotel (24 rooms) Near the Sonbong Hotel. $

WHERE TO EAT

Mongolian Hotpot A meal where guests stir-fry their food over a hotplate.

Phalgyong Restaurant Central Rajin.

Pipha Restaurant On the far side of Pipha islet, overlooking the bay. Pipha Island connects by a bridge to the mainland. The restaurant is known for grilling seafood food at the table. Octopus soup is a speciality round here – do not refuse if served.

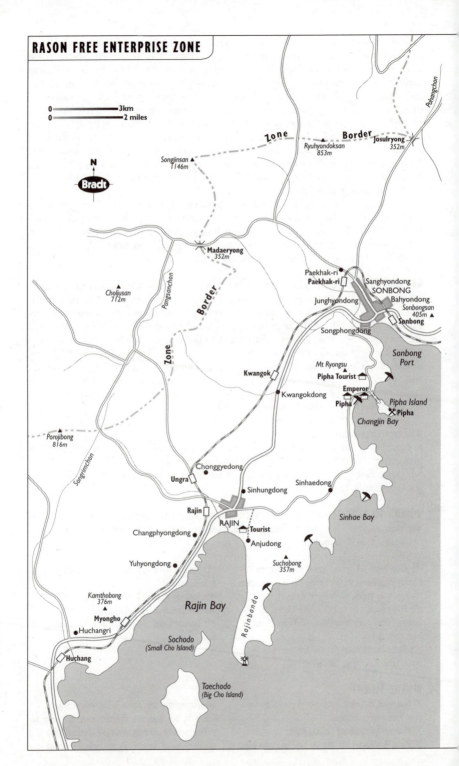

RASON FREE ENTERPRISE ZONE

0 ——— 3km
0 ——— 2 miles

N

Bradt

Zone — Border

Ryuhyondoksan
853m

Josulryong
352m

Pohangchon

Songjinsan
1146m

Madaeryong
352m

Paekhak-ri
Paekhak-ri

Sanghyondong
SONBONG

Bahyondong
Sonbongsan
405m ▲
Sonbong

Choljusan
712m

Border

Pangsanchon

Junghyondong

Songphongdong

Zone

Kwangok

Mt Ryongsu
Pipha Tourist

Sonbong
Port

Kwangokdong

Emperor
Pipha

Pipha Island
Pipha

Changjin Bay

Porojibong
816m

Songunmchon

Chonggyedong

Ungra

Sinhungdong

Sinhaedong

Sinhae Bay

Rajin

RAJIN

Tourist

Changphyongdong

Anjudong

Suchobong
357m

Yuhyongdong

Kamthobong
376m ▲

Myongho

Huchangri

Rajin Bay

Rajinbando

Sochodo
(Small Cho Island)

Huchang

Taechodo
(Big Cho Island)

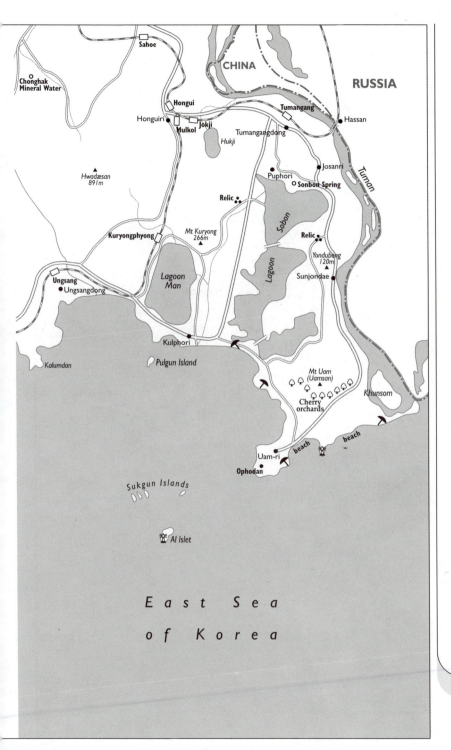

CHINA

RUSSIA

Sahoe

Chonghak
Mineral Water

Hongui

Tumangang

Hassan

Honguiri
Mulkol   Jokji
Hukji   Tumanangdong

Josanri

Puphori

Sonbon Spring

Relic

Tuman

Hwadæsan
891m

Sobon

Kuryongphyong   Mt Kuryong
266m

Relic

Yondubong
120m

Lagoon

Lagoon
Man

Sunjondae

Ungsang
Ungsangdong

Kulphori

Khunsom

Kalumdan   Pulgun Island

Mt Uam
(Uamsan)

Cherry
orchards

beach   beach

Uam-ri

Ophodan

Sukgun Islands

Al Islet

E a s t   S e a

o f   K o r e a

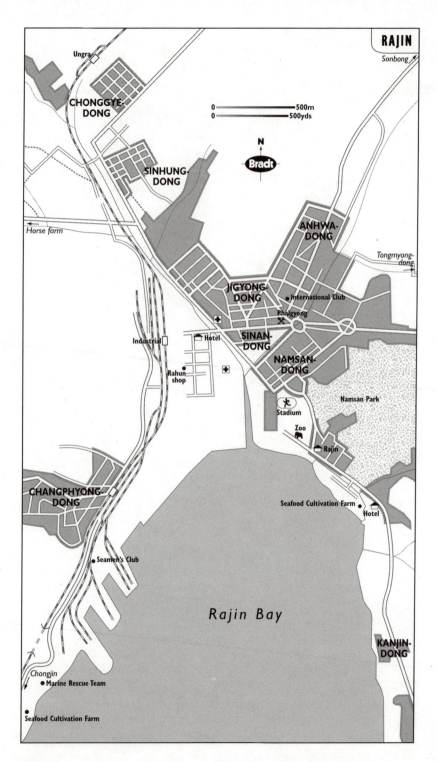

WHAT TO SEE You may have taken a flying guess that most of Rason's prescribed tourist sites are of the 'Kim Il Sung Was Here' ilk, and both Rajin and Sonbong have their revolutionary museums dedicated to the Great Leaders and their family, plus a battery of revolutionary sites and spots. These rest uneasily alongside the newer amusements of karaoke and the Haeyang casino, which translates as 'Ocean casino' and was at the great cake that is the Emperor Hotel, which began operating in 2000. Tour guides maintain that for some time the

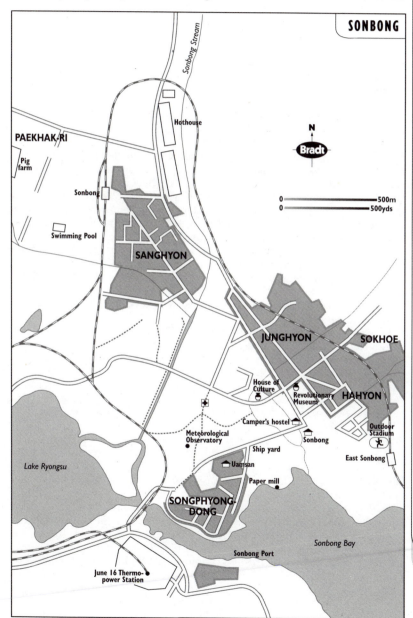

casino was in fact the only thing worth seeing in the area, successfully luring in over 100 Chinese a day just to squander hundreds of millions of RMB/yuan a year on blackjack, baccarat, roulette or just plain old slot machines. Chinese state media fumed, with a third of the tens of thousands of annual visitors to the hotel being Chinese government or Party officials. The complainants had a point – in early 2005 a certain high-ranking official in charge of traffic and transport management in Yanbian managed to blow almost half a million dollars in public and borrowed funds, before going on the lag. Outrage soon sufficed enough for the casino to be closed later that year.

A highlight still in operation is the Rajin-Sonbong **House of Culture**, a 1,500-seat theatre frequented by martial arts and dance troupes, and they put on a good show of displays, folk songs, marching and children exulting the joys of life, and can be visited upon arrangement through the tourist board. There is also a large warehouse market in town should you need to stock up on clams, spanners and cogs. Contact the tourist board for details.

Rason's coast is a series of bays and islands, with beaches and capes that are clean and clear locations to relax along, with all forms of watersports, and the whole Rason area is fenced in by a series of hills. So days between business can be spent bathing or hiking with a picnic stocked from the Rajin city market and a book from the foreign language store to keep you idle in the day, waiting for seafood dinners in the evening. Rajin's beaches include the headland to Taecho Island, Chujin, Sinhae-ri and Pipha Islet, and Sonbong has Unsang and, right on the final tip of the DPRK's north coast, Uam-ri. From Uam-ri it's easy to access the cherry orchards surrounding the base of Mt Uam, the northernmost hill in Rason's natural frontier. Mt Uam is flanked by the Korean East Sea and the wetland lagoons of the Tuman River, in which the ancient Kulpho ruins are found. A westward road runs from Uam along the Tuman to other historic fortresses in Tumangang, and all along you can see across to Russia and China, until you arrive in the sweet briar fields around Wonjong, Rason's land departure point for China. A taxi is needed for these journeys, but the Sonbong bus services get you close.

Keep going west and you're ultimately in the Tuman River Area, and Hoeryong border city, opposite its Chinese counterpart, Jilin. Hoeryong is known for its white apricots and as the centre of this province's metallurgical and coal industries. Hoeryong is the base for many monuments to Kim Jong Suk, revolutionary anti-Japanese fighter (look him up on *www.english.dprkorea.com/special/kim/photo_list.php?ca_no=706&no=2*).

For more information try **Rason Tourism Administration Bureau** (↘ 8 21008; ｆ 8 21009).

SOUTH OF RASON

CHONGJIN *41.45° north, 129.45° east; capital of North Hamgyong Province, Korean East Sea coast, 81km south of Rajin*
This port city specialises in ferrous metal industries. Although the average rainfall is low, the city has a good few weeks of mist drawing in from the forests around it. Similarly shrouded is **Kyongsong**, 35km southwest of Chongjin on the coast, living mainly from ceramics production and fishing. It's one of the oldest counties, and mostly consists of forested hills. **Kyongsong Onpho**, 12km northwest of Kyongsong's capital, features an excellent health resort, with the Onpho Resthouse where the spa waters are naturally heated up to 57°C. **Kyongsong Spa** lies in Haonpho-ri, 2km from the county seat, with spa and sand baths, and there are spas in nearby Songjong and Posan. Koryo-built **Fort of Kyongsong Seat** is 1km

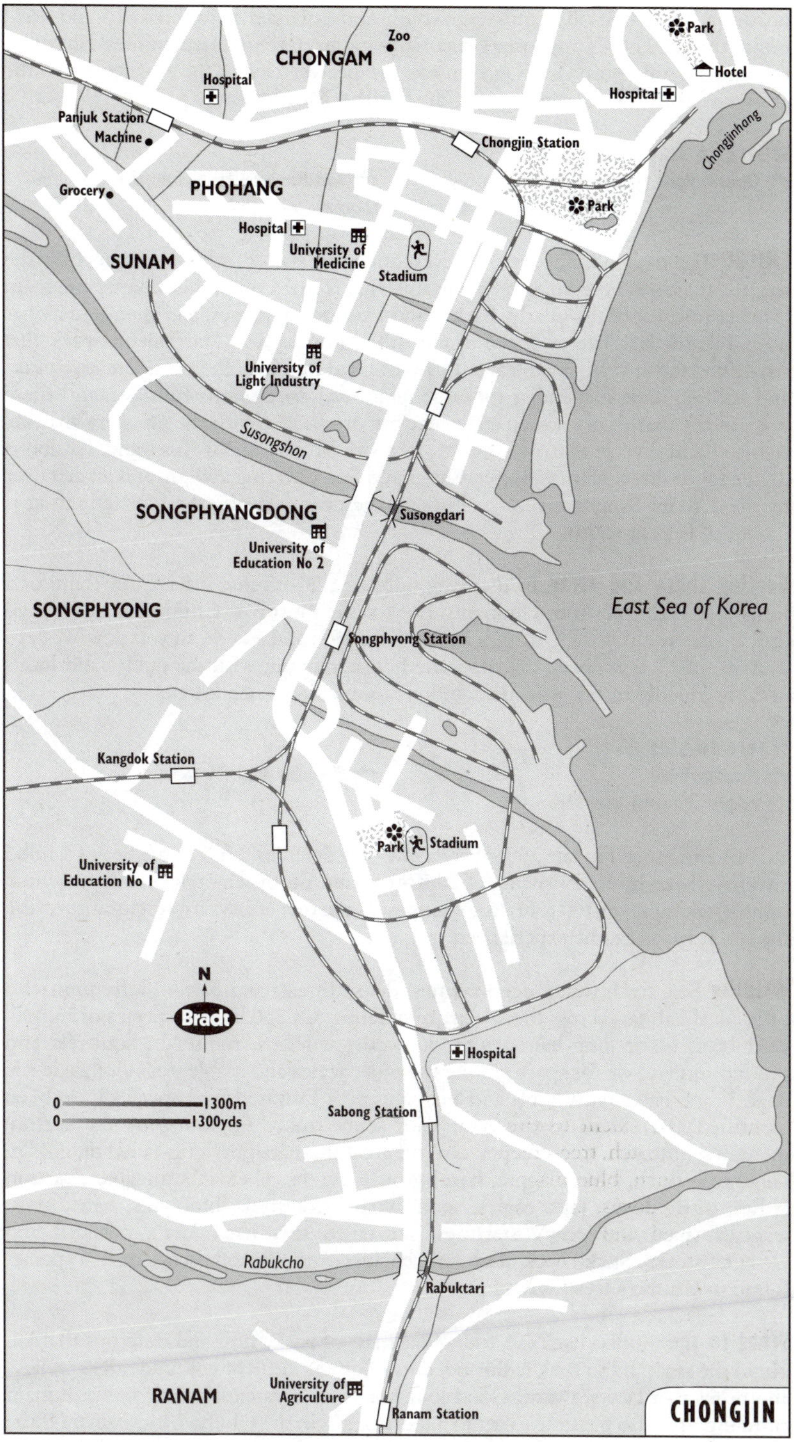

CHONGAM

Zoo

Park

Hotel

Hospital

Hospital

Panjuk Station
Machine

Chongjin Station

Chongjinhong

Grocery

PHOHANG

SUNAM

Hospital

University of
Medicine

Stadium

University of
Light Industry

Susongshon

SONGPHYANGDONG

University of
Education No 2

Susongdari

SONGPHYONG

East Sea of Korea

Songphyong Station

Kangdok Station

University of
Education No 1

Park Stadium

N

Bradt

0 ——————1300m
0 ——————1300yds

Hospital

Sabong Station

Rabukcho

Rabuktari

RANAM

University of
Agriculture

Ranam Station

CHONGJIN

northeast of Kyongsong, and was rebuilt and enlarged between 1616 and 1672 under the Ri. The **Kyongsong Nam Gate** has been rebuilt many times. But more relevant for our purposes, Chongjin is the nearest city to the real jewels in the crown of north Hamgyong's coast, the **Chilbo Mountains**.

Where to stay

🏠 **Chongjin Hotel** (18 rooms) In Chongjin city.

🏠 **Komalsan Hotel** At the base of Mt Komal in Chongjin.

CHILBO The name Chilbo means 'seven buried treasures', which must include the magma that made the area. It's a volcanic area formed one million years ago from lava blasting out of the nearby Paektu and Hamgyong ranges, and such activity has been recorded as late as the 3rd and 4th centuries AD. The igneous rock that structures the area has been carved by wind and rain into the most fantastic peaks and valleys, with suspended rocks hanging over vertiginous hillsides, and these scars in the earth's crust seep spa water but are healed with the greenery that the rich soil and diverse climate support. In a similar way to Mt Kumgang, Chilbo is divided into three districts, Inner, Outer and Sea, covering 250km² and lorded over by the 1,103m Sangmae Peak – although the peak securing the most attention is Chonbul Peak at 659m.

Getting there and away In theory, Chilbo is a 90-minute drive from Rajin or a four-hour boat ride from Chongjin. But for the most part Chilbo can be reached only by costly charter flights (see *Paektu*, page 197) and as a result very few Western tourists, just a few dozen if that, come here each year, with the guides and locals notably friendly in this pristine, fabulous mountain environment.

Where to stay

🏠 **Haechilbo Hotel**

🏠 **Pokpho** (7 rooms) Inner Chilbo

🏠 **Waechilbo Hotel** (25 rooms)

KCNA announced in late 2006 that 'home-stay facilities' built in the Sea of Chilbo area have been built, consisting of 20 Korean and European-style 'private dwelling houses' taking up to 100 tourists lodging with the owners, with a restaurant serving the lot. It has yet to be experienced.

Wildlife Sea, fresh water, deep ravines, dense forests and barren, lofty pinnacles offer ideal habitats across the spectrum of fauna. Of 250 known species of animal, wild boar, black long-haired pigs, leopards, wildcats, mountain squirrels and ground squirrel vie for space among the pine, azalea and maple trees alongside roe deer, bears, badgers, weasels and hedgehogs. A hundred bird species have been identified as resident to the area, with scores more migrating by the season, including nuthatch, tree-creeper, coal tit, great tit, marsh tit, long-tailed tit, golden crest, rose finch, blue magpie, hazel grouse, wrens, pheasants, magpies, carrion crows, turtle doves, jays, eagles, sparrowhawks, kestrels, blue tails, hawk owls, wagtails (pied and grey), starlings, red-tailed thrushes, Baer's pochard and Oriental storks. Stickleback, dace and loach start the list of a score of fish species found in Chilbo's fresh waters.

What to see Chilbo itself is a triangular mass of rocky hills and outcrops that fan out to the sea. Chilbo Peak is shrouded in a flowing cloak of volcanic ridges, valleys and peaks that face seaward. Good long walks are arrangeable, but not mountain climbing. It is also possible to get to a thermal spa in the Chilbo Mountains. Of the

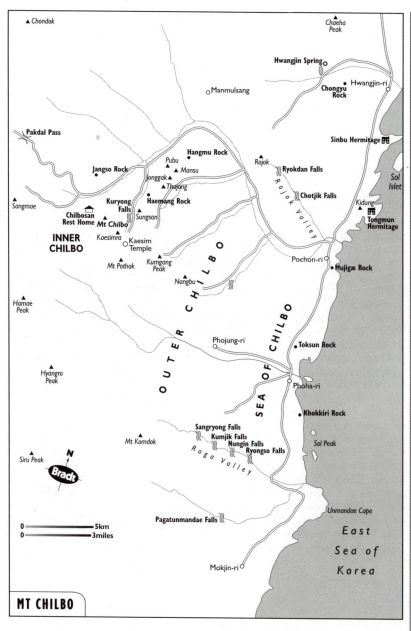

MT CHILBO

three districts, Inner Chilbo is the furthest pocket from the sea and, it seems, with the most sites to offer.

Inner Chilbo Small, stumpy mountain ranges and shallow valleys make Inner Chilbo ideal for trekking with towering cliffs, kept upright by evergreen pine trees, tender azaleas and maple trees and offering breathtaking views. Seek out the bizarre cluster of mushrooms that constitutes Pae Rock, and the samples of streamlined strata held aloft on Nongbu Rock, looked down on by craggy Kumgang Rock. Suri Peak is frozen mid-launch from a silo of trees, Pubu Rock is a gallery of stone monks. Thajong and Hwaebul rocks are the mace and axe-shaped formations that dominate their locale.

Kaesim Temple is on Mt Pothak, and, built in 826, is very notable for being one of the few visitable sites dating from the Palhae dynasty. It comprises the Taeung Hall, Hyangdo Pavilion, east and west monasteries and Sansin Pavilion, with an 18th-century bronze bell. A 200-year-old chestnut tree grows in front of the temple.

Outer Chilbo Inner Chilbo is cupped from the ravages of the sea by the fortress hills of Outer Chilbo. The finest area is the Manmulsang District, with its dense forests crowding over its congregation of waterfalls and pools. On the trekking trails keep a lookout for the lofty Samson rocks and military precision of the Chonyu Rock. A finger of rock just touches an opposite pillar to make Kangson Gate, through which can be seen the Sea of Chilbo.

Sea of Chilbo Hwangjin-ri is a village at the northern end of the Sea of Chilbo, and sits in the shadow of Chonyu Rock, guarding the entrance to Hwangjin Valley where the Hwangjin Spa Sanatorium is located. Pochon, Onsupyong and Taho are other spa sites located around Chilbo. A path stretches southwards along the Chilbo coast for about 30km, starting in Hwangjin-ri. The attractions of hermitages and strange rock formations flank the path as it picks through the villages of Pochon-ri, Phoha-ri and Mokjin-ri. These villages are the hubs of the local farms visible from inside Chilbo, and the local people, seemingly steeped in a very traditional rural life, are noted for their warmth and friendliness.

Going south from Hwangjin-ri, the path passes the rocky outcrop with the Sinbu Hermitage, adjacent to Sol Islet. A few kilometres to the south is another raft of rocks with the Tongmun Hermitage and Pochon-ri. Following the river east inland takes you to Inner Chilbo, but a rivulet goes north to Nojok Peak, and the Chotjik and Ryukdan waterfalls descend a worn staircase of rock, between evergreen pine trees holding onto sheer cliffs. Back on the path going south, look for Mujigae Rock and Tal Gate on the way to Phoha-ri, some hours' walk away. Beyond Phoha-ri on the coast appears the dramatic Khokkiri Rock and before the bizarre Unmandae Cape is Roga Valley. In here is a series of waterfalls, and this crevice, effectively the southernmost feature of the Sea of Chilbo, is worth an afternoon's scouting by itself and the beautiful scenery of the curious rocks in the Sea of Chilbo throw visitors into a trance. It is unlikely you will be going far south of the Chilbosan area, however. On the coastal outcrop down that way is the missile-testing zone where the KPA has tested and launched its infamous Taepodong missiles.

Mt Chilbo

11

Mt Paektu

42° north, 128° east; in the northwestern part of Samjiyon county, Ryanggang (two rivers) Province, the border with China. Northern end of Paektu range. Janggan Peak on Mt Paektu reaches 2,750m above sea level.

The Tuman and Yalu rivers dividing Korea and China source from one mountain, Mt Paektu. This volcanic mass of frozen lava smashed out from the wide, elevated planes of dense forest and bogs surrounding it over a million years ago, and has a powerful spiritual symbolism for the Korean people, as indicated in the local tourist literature:

> When children begin to study language, they are taught to sing song of Mt Paektu and when they begin to draw a picture, they make a picture of the spirit of Mt Paektu. When they attain the age of discretion, they visit Mt Paektu, because they know their real mind by reflecting it on Lake Chon and when their hair turns grey, they climb Mt Paektu with a desire to be reborn as a youth and live a long life. Those that leave the motherland in a state of sorrow for lack of a nation return to visit Mt Paektu first of all.

Paektu is the backdrop for many of the almighty mosaics and paintings seen across Korea, and its significance for all Koreans is evinced by the dominance of South Koreans in the thriving tourist industry on the Chinese side of the mountain. *Paektusan* means 'white-topped mountain', as it's skinned in white pumice and usually crowned with snow. It sits in an extensive lava area of its own doing, and hasn't stopped adding to it. White pumice showered the area and lava flowed many times in the 12th century.

The harsh terrain and remoteness of the mountain have meant its environs have remained sparsely populated and it's been sparsely defended for centuries; across its porous border cattle herders, trappers, hunters and loggers pass back and forth. These occupations survive today alongside the slither of a tourist industry that accommodates 'tens of thousands every year' and the KPA activities. The locals are also exceedingly friendly and warm, highly welcome in such beautifully serene desolation.

Koreans once believed that dire punishment befell anyone intruding on the seclusion of the resident Spirit, as Captain Cavendish's companion H E Goold-Adams found out when hunting on the lower slopes in the 1880s:

> Before we could sit down to our magnificent repast, the spirit whose domain we were invading had to be propriated; for this purpose rice had been brought (otherwise difficult to cook properly at altitude). A miserable little pinch was cooked, spread out on the trunk of a fallen tree, and allowed to remain there for a quarter of an hour or so until half cold; my men in the meantime (though professed Buddhists) standing in front, muttering, shaking their hands in the Chinese fashion, and now and then expectorating. Their incantations finished, the rice was brought back to the

fireside and solemnly eaten. They explained to me that the spirit being such, could not eat rice, and only required the smell, so there could be no harm in their consuming this tiny luxury … At a later juncture I had to fire both barrels of my shot-gun in the air to appease the spirit.

A more modern mythology has been built around the Great Leader's exploits here, for officially this is where he was based from 1937 to 1943. With mercurial powers, he led his forces into thousands of victorious battles against the Japanese at '200-ri at a stretch to annihilate the Japanese punitive troops and mowed down all the enemy force', a feat the enemy thought only possible through 'the art of land contraction'. Another time before the liberation the Japanese forces surrounded the mountain where hid a small Korean People's Army unit led by Kim Il Sung. A ferocious battle raged all night, but, next day, only dead Japanese were found, and not one single guerrilla. The Japanese had been fighting among themselves all night! This positively spooky occurrence finally scared all the Japanese away. Numerous secret camps and battlegrounds have been rediscovered since the 1970s, with more sites being found all the time, and are on public show. An unofficial translation of part of Kim Il Sung's book *With the Century*, an unofficial translation of which can be found at www.kimsoft.com/war/r-toc.htm, focuses mainly on the years of anti-Japanese fighting around Paektu, and is a good insight into the lives and livelihoods and turmoil of battling Japanese colonialism by bullet in the appalling winters of the mountains.

The average temperature on the mountain is –8°C, the highest being 18°C and the lowest recorded –47°C; Korea's coldest area. The weather changes quickly, some say four times a day, others say four times an hour. The wind is always strong as the Paektu range striding northwards into China provides the battleground for warm air from the mainland blowing into a barrage of cold air. As a result, much of the flora has a distinctive 'blown' shape to it. The freeze begins in September and thaws from late May. Around 2,500mm of rain comes each year, mainly in July. Snow starts falling from early September until mid-June. The harshness of the weather effectively rules out any winter visits, although the scenery is at its most icily barren and empty then, but in spring and summer liquid emerald erupts from the hills and carries down currents of flowers, washing across the area's meadows and valleys.

Within Paektu's thorny crown of petrified lava is cupped the world's highest mountain lake, Lake Chon. Lake Chon used to be known as Ryongdam or Ryongwangthaek because dragons were thought to live there. Snips of alpine meadow and birch trees cling onto the sheer cliffs of young, crumbling pumice which make the crater like a marbled bowl, filled with an eerily blue water. Should a hurricane be raging around you, the absolute stillness and intense blueness of the lake in its grey-white bowl becomes even more prominent. The surface of Lake Chon is at 2,190m, covers an area of 9.16km^2, and has a depth of 384m, making it the deepest mountain lake in the world. Supplied by rain and underground springs, its volume is 1,955 million cubic metres. A DPRK guidebook handily points out that should you ever try to empty Lake Chon, get a pump discharging faster than 1m^3 per second, because that'll take 60 years. The lake's surface ice freezes to 4m thick, and its water temperature never rises above 6°C, so good luck to the hardy ones wading into it.

WILDLIFE

Broadleaf and needle-leaf forests smother the planes and valleys up to 2,000m, whereupon alpine grass then makes a belt around Paektusan. The road going up takes in a cross-section of the different flora and fauna of rising altitude, from the temperate lowlands to the tundra highlands. Most of the species around the lake are thought to have arrived in the last 200 years – including Western hunters. Goold-Adams hunted for tigers reportedly over 4m in length, and leopards nearly 3m long. Not so long ago, every third or fourth village north of Wonsan would reportedly be under siege from tigers, raiding houses when snow covered their usual hunting grounds. Wild boar provided easier pickings, which the locals considered pests anyway as the boars snaffled their crops at night. Fauna seen here in more recent times have still included Korean tiger, leopard, lynx, wild boar, deer (including musk deer and Paektusan deer), and at Motojondo (about 50km north of Paektu on the Korean side) black and brown bear, moose, squirrel, field mouse, with wild pig, beaver and sable.

The landscape houses over 200 species of flora, including bracken, blueberry, *Abies nephrolepis*, and 20 species of edible wild vegetables. Blue oval berries (*Lonicera edulis*), evergreen rhododendron, lilies, white angelica, and a hundred or so medicinal plants thrive among the lowland birch and larch trees, and the treeline is finished off at its height by eastern Siberian and Khinghan fir. In the meadowlands are found trollius, blue-violet (*Veronica verticillata*), alpine papaver and red *Lychnis fulgens*. Spying the land from the sky are black cock, hazel grouse, pheasant, nightjar, quail, broad-billed roller, black grouse, hazel grouse, woodpecker and hedge sparrow. Lake Samji has Samjian crucian carp, red carp and char carp.

GETTING THERE

Paektu is accessible only from May to September with any degree of reliability, and for most of the winter it is not accessible at all from the DPRK side.

The only way to get to Paektu from within the DPRK is by plane from Pyongyang to Samjiyon airport.

Two planes are on offer, a 37-seat Antonov and a 90-seat Ilyushin. If the trip takes in Mt Chilbo as well, with a hop over to Orang airport, the Antonov can cost up to €5,000 and the Ilyushin up to €8,000. Trips by helicopter have been made in the past.

There is the possibility that the Pyongyang–Paektu flights may become more scheduled if a plan goes ahead to have Chinese tourists enter the DPRK through the mountain area and then fly on to the capital. This is as yet just a plan.

North Koreans travel to Paektu by train, which from Pyongyang can take around 36 hours. It is not a trip foreigners can do in any normal circumstance.

Paektu is more easily accessible from the Chinese side and there are various means to do this under your own steam or on tours (see *Chapter 12, Changbaishan Nature Reserve, Getting there, page 214*).

WHERE TO STAY

Pegaebong Hotel (47 rooms) A large Swiss-style hotel at the base of Pegae peak 2km from Samjiyon town. From here it is a 90min or so drive to Paektu. This hotel has been spruced up & there are now 2 skiing runs in operation a distance from the hotel, although they are not part of the hotel per se.

Onsupyong Hotel (40 rooms) 7.5km northeast of Pochonbo. $$

Hyesan Hotel (49 rooms) Hyesan City. $

WHAT TO SEE

Getting to the mountain requires a drive that in itself makes the whole trip worthwhile, an ascent to the spiritual spring of Korea in a landscape like that at the beginning of the world. Unless inclined to hike, take the cable car to the rim of the lake and back, for €10, although the same route can be walked. The funicular railway goes from the base to the rim for €5 return; again, this is also a walkable route. Around the lake, Paektu is the crown of the Paektu range, a third-degree burn of rock with Chilbo at the southern end, so, like Chilbo, Paektu has many spas that, according to local sources, are 'full of ion'. Paektu Spa is 73°C, Paegam Spa is on Lake Chon's northern shore, mild at 46°C, while Jangbaek Spa, nearly boiling at up to 82°C, is 850m from Jangbaek Falls. A double rainbow often appears in front of Sangmujigae Peak (2,626m). The Paektu area can be seen as rectangular, moated in by the Yalu or Amnok River, the Tuman River and the Sobaek Stream running south from the edge of the Tuman. The Amnok River gorge at Chongun Rock is a cathedral of natural sculpture, but for the DPRK tourist board, the main sites are the **Paektu secret camps**, starting with Paektu Secret Camp No 1. This was officially Kim Il Sung's headquarters from 1936 to 1943, and the biggest of four camps in the area. Here stands the house where the Great Leader expanded the Party and conducted the strategy of liberation. With its weapons' repair shop, hospital and publishing house amongst other buildings, this was evidently a veritable camp to hide out in, and in amazing nick, like new in fact.

All around are screened-off trees bearing slogans like 'our nation is the greatest nation in the world that gave birth to General Kim Il Sung' and 'Successor to General Kim Il Sung was born in Mt Paektu', written by Korean soldiers during the anti-Japanese struggle. More and more of these slogans are being discovered and preserved all the time in the Sobaeksu Valley area. Near the camp, across the Sobaek Stream, is the house where Kim Jong Il was born (in Khabarovsk, thus dispelling the myth about his birth). Exactly 216m behind the house (2/16 was Kim Jong Il's birthday!) sits the 1,797m Jong Il Peak, with the Dear Leader's name carved on it in red. His birth was a bright sunrise promising the completion of the revolutionary cause of Juche started by President Kim Il Sung, the glory of Korea and a source of greatest joy to the Korean people. Inheriting the blood of a patriotic and revolutionary family and receiving the soul of Mt Paektu, Kim Jong Il grew up to the sound of gunfire in the flames of the anti-Japanese war and the blizzards of Mt Paektu as his lullabies. Other revolutionary sites are pointed out by guides with local literature to regale you with, but the area's natural beauty makes it all worth it.

Mt Kom (Komsan), 'bear mountain', is a round, bulky mass covered in moss that staggers up to 1,860m. Four kilometres from Kom is Sonosan Secret Camp, adjacent to the Hyongie (brothers) Falls, two ribbons of water cascading side by side in summer and held frozen in winter. A kilometre away are Paektu Falls and the refined, three-tiered Sagimum Falls. Paektu Bridge and a restaurant are 5km northeast of here.

Around 30km from the Secret Camp No 1 is **Lake Samji**. The tranquillity of this location is all the more affecting, given the desolation of the area. In Korea's revolutionary history, Lake Samji is an epicentre of great significance particularly for the battle of Musan Area in 1939 that was a turning point in the war against the Japanese. The first monument to go up was the Samjiyon Grand Monument, dedicated in 1979 by Kim Jong Il upon the 40th anniversary of the fight. The monument is centred around a 15m tall statue of the Great Leader in his youthful guerrilla days, clasping binoculars, ready for battle, against the backdrop of Mt Paektu. To his right is a 50m-tall statue of the Juche flame and the revolutionary monument; to his left, a group surrounding the 'trumpeter of the advance'.

Amid the lot are groups of soldiers and Koreans in various states of readiness for battle and other worthy causes, like, 'Reverence', 'Advance', 'Camping' and 'Water of Motherland'.

Another imposing memorial was put up in 2002 to mark the 63rd anniversary, the Monument to the Victorious Battle of the Musan Area, with a great bronze statue of the young Great Leader pointing the way forward next to a great bayoneted rifle muzzle and a bronze relief of his followers in the woods screened behind. Possibly one could infer that the latter monument is making more of a statement about battles being won by bullets and not ideas and denoting a reassertion of militarism from Pyongyang, but that is entirely subjective. The lake is adjacent to Samjiyon town, where you'll probably stay and have the chance to see the town's revolutionary museum, full of Musan battle memorabilia and other relics from fighting the Japanese, and being somewhat kitsch for having been built as a great big log cabin. Another museum, the Taehong Museum, celebrates all things Paektu. The area's also known for its blueberries. A dozen clicks from Lake Samji flow the Rimyongsu Falls, blasting out of the crevices of basalt cliffs. Another 40km south of Samjiyon is the Amnok riverbank city of Hyesan, opposite China, worth visiting for another China/DPRK comparison that's also a favourite for visitors to Dandong (see page 205). It's the best base for seeing **Pochonbo** town (21km north), famous in DPRK folklore for being the place where the Great Leader won a decisive battle over the Japanese, and with the remains of a Ri dynasty castle.

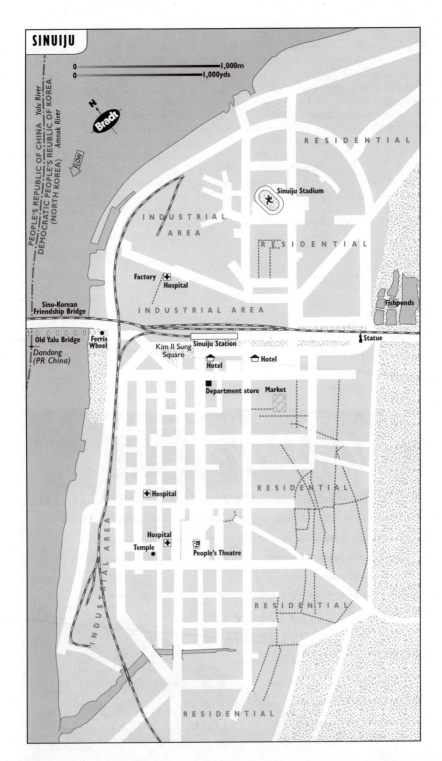

SINUIJU

0   1,000m
0   1,000yds

N

Bradt

PEOPLE'S REPUBLIC OF CHINA   Yalu River

DEMOCRATIC PEOPLE'S REUBLIC OF KOREA
(NORTH KOREA)   Amnok River

FLOW

RESIDENTIAL

Sinuiju Stadium

INDUSTRIAL AREA

RESIDENTIAL

Factory ✚ Hospital

INDUSTRIAL AREA

Fishponds

Sino-Korean
Friendship Bridge

Old Yalu Bridge   Ferris Wheel

Dandong
(PR China)

Statue

Kim Il Sung Square   Sinuiju Station

Hotel   Hotel

■ Department store   Market

RESIDENTIAL

✚ Hospital

Hospital
✚
Temple ●   People's Theatre

RESIDENTIAL

INDUSTRIAL AREA

RESIDENTIAL

12

The Border with China and Beyond

SINUIJU

40.1° north, 124.4° east; on the Amnok/Yalu River, Sinuiju is the capital of North Pyongan Province, DPRK border city

For many travellers, the last (or first!) they see of the DPRK is at the border city of Sinuiju, through which the Pyongyang–Beijing train trundles. Sinuiju sits on the east bank of the Yalu (Amnok to Koreans) River, opposite China's thriving port-city of Dandong. Sinuiju's substantially smaller than its Chinese counterpart, with a population of 326,000, but has similar industries to Dandong, including paper milling, chemical production, aluminium, alcohol distillation and the processing of soya-bean products, as well as being of course the rail hub of the DPRK and China.

HISTORY Sinuiju was formerly known as Ai-Chiu, a border fortress and 'gate to old Korea' from before the Ri. The drain sluices of its thick granite walls provided the routes for early missionaries to sneak into the city and the country beyond. It's been the capital of North Pyongan Province since 1923, taking over from Uiju 28km upriver. Following the outbreak of the Korean War in July 1950, US commander General MacArthur decided that the flow of troops and supplies from Manchuria into North Korea had to be cut. In November a series of raids by B-29 heavy bombers pounded bridges all along the Yalu, mainly hammering Sinuiju Bridge. As Chinese MiG jet fighters soared up to intercept the bombers and their jet escorts, Sinuiju earned the dubious distinction of hosting the world's first jet-to-jet combat. Sinuiju briefly became the DPRK capital in October 1950, as Kim Il Sung bestowed that status on the city when Pyongyang was briefly lost to United Nations forces. Much was levelled during the war, and has been rebuilt since.

The city passed many decades as a closed city, scarcely registering on any radar. In the early 1990s, the changeover in demand for payment from barter to cash by China and Russia led to a new growing business in Sinuiju, when numerous trading companies, established and run primarily by military departments in the front line for priority and need for foreign currency, were set up with the principal aim of currency dealing, began to start business in the city.

Senior DPRK traders were noted for their overcoats of dog fur and second-hand bicycles while flour and medicinal herbs were traded for metals and second-hand cars.

The most thrilling event in decades came in mid-2002, when it was announced that Sinuiju would be the centre of its own free enterprise zone, the 'Hong Kong of the North', specialising in trade, distribution, light industries, tourism and finance and the Sinuiju Special Administrative Zone was set up, on paper at least. Unfortunately, virtually upon announcement the Chinese-Dutch entrepreneur set to organise the scheme was had up for tax evasion amongst other charges; China it seemed was not happy with the idea of a special economic zone being set up right opposite and competing with its own flourishing city and bade the scheme be shelved. In 2006 the Nautilus Institute described a 'change in the air' around Sinuiju, as the city's trading port status rejuvenated. Several thousand resident Sinuiju families were being moved out of the city and their residences given over to a rising tide of trading companies and specialists (still mainly dealing in currency), headed by big Pyongyang business types, many with familial or other ties to China to be capitalised upon to attract the latter's high-rolling moneymen.

Those well-connected North Koreans certified as 'foreign traders' have the freest rein to do business and leave and re-enter the DPRK, and Sinuiju and Dandong (where the DPRK's currency Korea Trade Bank has a branch) are the cities where many (mainly men despite communist emancipation) 'commute' practically on a daily basis. As a result there are possibly more North Koreans to be seen in Dandong than in any other place outside DPRK.

As the dust from DPRK's nuclear test seems to be settling, plans for Sinuiju are looking set for resurrection. ROK investment into the free trade zone based on Bidan and Wihwa islands on the Yalu River is being sounded out and another bridge is mooted for southern Sinuiju. As it is, scores of trucks are seen crossing the single-lane Sino–Korean Friendship Bridge every day, ferrying goods in and out.

With the growth in trading and other businesses, construction and rents are picking up, and sales of properties in Sinuiju's own property boom (however that works in a state where everything is state-owned) are, reports have it, black markets in real estate, mobile phones and computers, while amusements are expanding to include intranet cafés, karaoke, saunas and massage. Not that the average Western tourist has yet seen many if any of these entertainments, and ironically the best place to 'see' Sinuiju is from Dandong opposite (see *On the waterfront*, page 209).

WHAT TO SEE Being a border town, most of Sinuiju's inhabitants are 'privileged' to, but mostly trusted not to, 'wander into China', as local literature puts it. In terms of tourism, the traffic is largely one-way with foreigners (overwhelmingly Chinese) coming in on one-day passes to have a look and go back across the bridge, although this scheme has been intermittently revoked. Other 'normal' foreigners, albeit with tighter restrictions, can theoretically make the same short tours, the highlight of which is Sinuiju's **central square** and its Kim Il Sung statue. One half of the square is clean and bright, and you can photograph it. The other half is dirty, derelict, and, in a stunning visual admission, is full of beggars, and can't be photographed. A lot of Sinuiju is fenced off with barbed wire so that the locals can't enter, let alone foreigners. Otherwise, you're likely to come in on the train and on the train is where you'll stay, unless the train gets delayed on the DPRK side by power failure and humanity dictates you can get off onto Sinuiju station platform, if not be put up at a local hotel if the delay requires it. A substantial chunk of the 24 hours of the journey either way from Beijing to Pyongyang is spent in the cross-over points of Dandong and particularly at Sinuiju. Delays of up to 36 hours on the DPRK side have been reported but it is for the most part a very efficient system.

Visitors to Sinuiju are often diverted to the city of Uiju, further north along the Amnok. It was first known as Ryongman, meaning 'a river bend with dragons', but the city's history is largely steeped in battling invaders from every direction, mostly from China. From Koguryo a fort existed here and the city never lost its military significance. Peaceful trade links over the river made Uiju prosperous in times of peace, and it was the provincial capital from 1907 to 1923, when Sinuiju took over. The **Uiju Revolution Museum** is devoted to Kim Il Sung's father, Hyong Jik. Two hundred metres away is the Uiju Nam Gate, which originates from Koryo times. Another site, 1km north of here, is **Thongounjong Pleasure Ground**, home to numerous pavilions that date from the Koryo when the area's hills marked it for defensive purposes. Sites like the Thongung Pavilion (1117) were part of the walled city of Uiju. Literature comments on the presence of a waterfall and hot springs but says not where.

DANDONG

40.1° north, 124.3° east; in Liaoning Province, China, Dandong is the border city on the river Yalu facing the DPRK city of Sinuiju; formerly called Andong; population 2.93 million
From Sinuiju, the train carriages are batted across the bridge into Dandong, a city with two major tourist features for the Chinese: first, it's China's only city right on a national border, and a natural border at that; second, and far more alluring, the country across the river is the DPRK. It's mostly Chinese tourists that make the day trip into Sinuiju, and for everyone unable or unwilling to get over there, there are still many means to get within metres of the world's most secretive, inaccessible country. For those Chinese in their late thirties and older, there is the added poignancy of seeing a land so close that so resembled their own country only a generation ago, and for many years there was the sickening luxury of being able to watch the DPRK's appalling famine strike only a few hundred metres away.

The difference between the two cities' fortunes is painfully obvious. Dandong's commercial towers reflect sunlight onto Sinuiju's smokeless chimneystacks. At night the Chinese side is a jungle of neon, the Korean side, darkness. In winter, the river can scarcely freeze on Dandong's side as its warm waste waters pour into the river. Sinuiju remains behind its shore-long barrage of ice, perfectly marking the mid-river border of China and the DPRK. It's a measure of how Dandong sees Sinuiju that facing the latter from atop a mighty Dandong Hotel is a huge advert for SPAM.

HISTORY Now the largest city in east Liaoning, Dandong was until the 1960s known as Andong. With the town recorded as under Zhou dynasty administration in the 6th century BC, Andong was built by the timber trade, becoming a major timber-trading centre from the timber floated downriver. In 1903 the Qing dynasty proclaimed it a free trade port. Rapid growth from 1907 followed the railway link-up to northeast China and further from 1911 when the bridge into Korea was completed. British and Danish traders were instrumental in developing Andong in the first two decades of the 20th century, with the British setting up the Chinese Imperial Customs Service. The Japanese industrialised it during their occupation in the 1930s and '40s, and the neat grid-layout around the station is the 'Manchukuo' Japanese quarter of town, so called from Japan's colonial name for Manchuria. Prior to Japanese domination, the US had also built up a substantial diplomatic presence in Andong, reflecting the city's strategic location twixt China and Korea. By then a major rail and river communications and supply link to North Korea, its significance to the US was later expressed by bombing heavily both Andong and Sinuiju after China's intervention into the Korean War. When the bridge was damaged, Korean and Chinese forces valiantly connected the banks with pontoon bridges. Today, Dandong is a flourishing industrial area, best known among Chinese for its production of silks and ShuGuang (formerly HuangHai) coaches seen all over northern China's roads, as well as wood processing, paper, rubber, chemicals, ginseng and tussah, and is a major and growing port for the river and coastal trade. It is also rising up fast in its financial sector.

With this new growth has comes the contrived need to dispense with the old, and since this book was first written in 2003, the old Chinese town of the city, especially the area towards the river, has been mostly demolished (akin to the

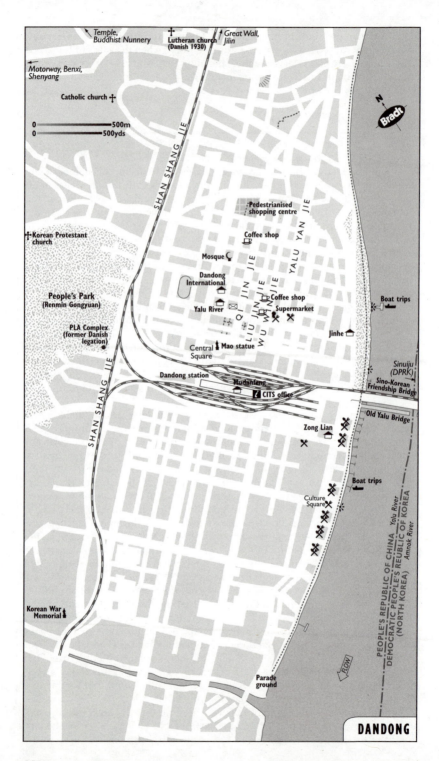

Temple,
Buddhist Nunnery

Lutheran church
(Danish 1930)

Great Wall,
Jilin

Motorway, Benxi,
Shenyang

Catholic church ✝

N

0   500m
0   500yds

Pedestrianised
shopping centre

Coffee shop

Korean Protestant
church

Mosque ☾

Dandong
International

SHAN SHANG JIE

JIN JIE

YALU YAN JIE

Coffee shop

Yalu River

Supermarket

People's Park
(Renmin Gongyuan)

Jinhe

PLA Complex
(former Danish
legation)

Central
Square

Mao statue

Boat trips

Sinuiju
(DPRK)

Dandong station

Mudanfeng

CITS office

Sino-Korean
Friendship Bridge

Old Yalu Bridge

SHAN SHANG JIE

Zong Lian

Boat trips

Culture
Square

PEOPLE'S REPUBLIC OF CHINA
DEMOCRATIC PEOPLE'S REUBLIC OF KOREA
(NORTH KOREA)

Yalu River
Amnok River

Korean War
Memorial

FLOW

Parade
ground

DANDONG

wholesale demolition of Beijing's old hutong areas), with brassy skyscraping monotony replacing old-world charm. High-rise and higher have spread along almost the entire length of the city's riverfront, the modern walled city, but it is still a pleasant and interesting enough place to visit.

GETTING THERE AND AWAY Buses 80 and 94 leave Dandong bus station at 06.30 and 08.50 respectively to drive ten hours northwest to Tonghua, a town with connections to the Changbaishan reserve.

Planes to and from Dandong airport cost in the environs of RMB850 (RMB10.5 = roughly €1) one-way to Beijing or Shanghai.

Travel agencies The CITS and KITC in Dandong are very good at making the arrangements to cross into the DPRK, if you're going to catch the train from Dandong to Pyongyang, but if that's what you're going to Dandong for, you need to get the ball rolling at least two weeks before going there (unless you sort out the papers from Beijing or elsewhere), initiated by phone/fax. Never forget that a visa to the DPRK is not a three-day pay 'n' stamp.

CITS 2nd Floor, Mudanfeng Hotel (adjacent to Dandong railway station); ☎ +86 (0)415/212 0187

KITC Xian Qian Rd, Yuan Bao District, Dandong, China; ☎ +86 (0)415 281 2542/0457; f +86 (0)415 281 8438

GETTING AROUND All buses for the town and beyond go from the square in front of the railway station. Taxis kerb-crawl the streets for RMB5 minimum fare (nowhere in town will cost over RMB10 to get to so don't pay more) and pedi-cabs for half that.

 WHERE TO STAY There are now several international standard hotels in town.

⌂ **Zhong Lian** (143 rooms) No 1 A2 area Trade and Tourism District, Dandong 118000; ☎ +86 (0)415 2333333. The biggest and the best of the hotels. Right by the railway bridge, the Zhong lian features Western buffet breakfasts and a decent coffee shop with good views of the bridge and the Hermit state over the river. ⑤—⑤⑤⑤⑤

⌂ **Dandong International Hotel** Xin'an St, Dandong 118000; ☎ +86 (0)415 213 7788; ☎ +86 (0)415 214 6644. ⑤⑤⑤

⌂ **Ya Lu River Guesthouse** 87 Jiuwel Rd, Dandong 118000; ☎ +86 (0)415 212 5901; ☎ +86 (0)415 212 6180. ⑤⑤⑤

⌂ **Jinhe Hotel** Yalu Bridge; ☎ +86 (0)415 213 2771

⌂ **Mudanfeng Hotel** 3 Liujin St; ☎ +86 (0)415 213 2196

WHERE TO EAT The development zone on the waterfront is an excellent, if now pricey, place to eat, with a variety of Chinese and North Korean restaurants and many a serving of fresh seafood and fish. An excellent **hotpot restaurant** is 200m up on the left of the first road south of the railway bridge that runs into town away from the river. The **International Hotel** is more popular with expats and has prices to match. There are now several decent coffee shops scattered around town and some places do variations on pizza and hamburgers.

WHAT TO SEE Dandong is an unusually do-able city, compared with other northern Chinese cities, and is quite clean and human in scale (its 700,000 urban population is villagesque compared with other Chinese conurbations). Many sights relate to the border, Chinese–Korean relations and communism. Arriving by train or bus, the first thing you see in the station square is Mao Tse Tung's statue, now in pragmatic salute to the city's bustling capitalism.

The station and square are on the southern side of the 'Manchukuo' town, and in this grid of streets fenced in by the railway are most of the hotels, bars and amenities. The higgledy-piggledy streets north of here are the old Chinese-built town.

From the station square, which has been doubled in size of late, buses (1, 2, 4, 5) can be caught southwest up to the **Memorial to Resist America and Aid Korea**. This huge white column, well visible to most people in Dandong and pointedly to anyone in Sinuiju, towers over the city. It reminds everyone, Koreans especially, of China's contribution during the Korean War. After paying a yuan to enter the Jinjiang hill park where the tower is, at its base is the **Museum to Commemorate US Aggression** (⏰08.30–16.00 Tue–Sun; RMB35), an impressive series of halls full of the war hardware of bombs, tanks, fighter-planes, wreckage, and maps, documents and photos of decapitated POWs, etc. One hall has an extraordinary 360° diorama where you're surrounded by communist liberators fighting up a hill towards you. The museum tells the story of the war from the Chinese point of view and makes for an interesting comparison with Pyongyang's own excellent war museum, and for Westerners how 'well' the United Nations comes out of it all, but only if you can read Chinese or Korean! A brand-new pedestrianised shopping square now sits on the eastern end of Qi Jin Jie, stretching north.

From the monument follow the Shan Shang Jie road and railway northeast until on the left appears a **PLA complex** with peculiar Danish 'gingerbread' detailing. Adjacent to that is the entrance to 'People's Park', with pleasant walks and steep ridges to get views of the town and the DPRK. On the park's north side is a Korean **Protestant church**, built in the 1990s by the South Korean Church. Further north just off Shan Shang are two more churches, one **Catholic church** built by American missionaries, and a **Lutheran church** built by the Danes in the 1930s. Tucked into a small valley leading away from this area are a small temple and a Buddhist nunnery.

The main old 'Chinese town' in the northeast section of the city has been or is undergoing wholesale demolition, a real swizz, as some modernists with money don't appreciate the things that make cities good, leaving only a few 'showpiece' buildings and leaving for the time being a lot of dust, building sites and urban flux in this part of town.

On the waterfront Of the two bridges beginning from Dandong's shores, only the Sino–Korean Friendship railway bridge makes it all the way across. The Old Yalu Bridge, a stone's hurl south of the rail bridge, was bombed during the Korean War (first hit in 1950 but it held together until early 1951). The Chinese half of the Old Yalu still stands, on the Korean side only stone bridge stumps protrude from the waters, like furious stelae. For a minimal fee, you can walk out along the bullet- and shrapnel-scarred Old Yalu Bridge until its girders gnarl to nowhere. In summer here is a mini-café, in winter you can try to lob snowballs onto Korea's frozen riverside.

If this isn't close enough, in fair season from the Yalu River Park and from a pier just south of the Old bridge are slow boats with dragonheads and tails or speedboats that, for RMB30–40 (although they will try to charge much more), take you to the river's midway 'border', or, some say, within metres of the DPRK shore. In this, Sinuiju has joined in the game, and a bright blue vessel filled with well-heeled North Koreans waving, and jolly martial music blaring out, can now be seen pootling over towards the Chinese side and back. Otherwise river traffic from the Sinuiju side is also increasing, with what appear to be commuter boats ferrying work units or travellers up and down the DPRK riverfront, invariably so choked with people that

In April 2004, over 100 people were killed and thousands injured in a massive explosion at Ryongchon, 20km from Sinuiju. The blast caused a stir worldwide as it was widely believed that the train carrying Kim Jong Il back from a visit to China had passed through that station just hours beforehand, giving rise to rumours that the blast was a failed assassination attempt. Two days after the explosion, and long after the rest of the world's media had reported it, KCNA reported the blast as an accident caused by 'an electrical contact caused by carelessness during the shunting of wagons loaded with ammonium nitrate fertiliser'.

But fertiliser and electricity are also in short supply in DPRK and for the two to combine so disastrously could also be considered a rare mischance. Some sources from within the DPRK's security apparatus purportedly treated the incident as an assassination attempt, with the trigger being a mobile phone – a rarity in the country and to know the timing of the Dear Leader's movements would suggest a high-level plot, so we should consider that as just another scurrilous rumour. ROK reports posited that the trains were carrying petrol and liquefied gas from China, ironically as gifts for the departing Kim Jong Il, that subsequently collided and blew up. The accident may also have been caused by a kerfuffle of pressures on the local rail infrastructure and timetable caused by Kim Jong Il's train passing through.

they seem more like 'metal hedgehogs' than boats, as one writer put it. Although Sinuiju is behind a large dyke-type wall, you might see, like many others do, parties of schoolchildren in white shirts and red neckerchiefs trotting gaily along the Sinuiju bank behind groups of fishermen and youthful soldiers. From the outside, Sinuiju does not appear to have changed much at all, bar the construction of new dock railheads and a high-profile residence. The city still has its own unfortunate towering landmark like Pyongyang's Ryugyong Hotel, namely a large Ferris wheel that has been there for years and not turned in as long. Save for the floodlights on the Great Leader's statue, the town remains much in darkness at night.

Back at the River Park, other 'amusements' include shooting at live animals and poultry. On the south side of the old bridge is a development zone, and from the southern end's Culture Square, this is a pleasant place to amble along at dusk, with all Dandong people out strolling, playing, enjoying the breeze, doing t'ai-chi and open-air calligraphy, playing chess and fishing. A footpath runs all along the river edge both sides of the Sino–Korean bridge and makes for a very pleasant walk. The square is often used for promotional events and is very popular with wedding parties which are worth seeing: dresses of bright turquoise and a palanquin on hand to give the couple a ride, with an accompanying traditional band and MC. Along here are many little Chinese businesses and excellent restaurants run by Koreans (look out for one restaurant graced by a poster of the Mona Lisa with a great big dope plant). Many Koreans are living and working in Dandong in restaurants or small businesses. You can also pick up DPRK stamps, trinkets and Kim Il Sung badges here (debatably real). Further downstream along the Dandong riverfront, for a few years was moored on a muddy island a casino-boat, set up by an enterprising Korean for Chinese gamblers. This somewhat infamous floating den of iniquity has now gone, and the island it was moored at is being converted into a gated community of sorts with plans for all manner of amusements for the well-moneyed. The island is faced by growing estates of detached houses and gardens where the Chinese middle classes are building their own suburbia, with all the lawn sprinklers and Tupperware that goes with it.

AROUND DANDONG Lying 52km northwest of Dandong, just outside Fengcheng, is the stunning Phoenix Mountain (Fenghuangshan) set in its own small reserve (⊕08.00–17.00; admission RMB30). Taoist worshippers come here to pray for relief from their illnesses, for the God of Longevity occupies the mountain's west ridge. Every 28 April a 'Medicine King Meeting' is held at one of the temples, but, in company with former T'ang and Yuan emperors who pocked the mountain with their own tributes of temples and pagodas, the mountain's scenery and serenity are worth taking in anyway. Take the slow trains from Dandong (1hr).

Within Dandong's boundaries is the Baishilazi Natural Protection Area, a large reserve committed to protecting China's deciduous broadleaf forests; it is both a natural botanic garden and a zoo. Also of note are the Dagu Mountain with groups of ancient temple structures, the Qingshan gully with natural waterfalls, and to the southwest of Dandong is Dagushan granite outcropping, with a well-preserved temple upon it and with surrounding sites including another temple it makes for a good day's excursion from town.

SOUTH FROM DANDONG

For more border-related points, go south of Dandong, following the Yalu to the coast, to Donggo town on the Chinese side. There's not much beyond a container park and a permanent yurt, but here the River Yalu splits around little islands, property of the DPRK. A few kilometres further west along the coast is Dalu Island, a 'pearl on the Yellow Sea', and a splendid natural retreat of caves as well as the Camel Peak. It also offers the chance to splash lazily in Moon Bay. It has a bizarre collection of buildings, from T'ang temples to a Danish church and a British lighthouse. There's also the tomb of Deng Shichang, a Chinese captain killed in 1894 as the Japanese fleet sunk the Chinese fleet en route to 'rescuing' Korea from the Tonghak. Ferries run to Dalu (RMB80–90).

BEYOND DANDONG TO SOUTH KOREA The ROK is also accessible from Dandong on the *Oriental Pearl* ferry from Dandong overnight to Incheon, the major port next to Seoul (❨ +86 (0)415 315 2666; f +86 (0)315 6131). The ferry leaves Dandong at 16.00 on Tuesday, Thursday and Sunday each week and arrives in Incheon the next morning at 09.00. First-class, two-berth cabin: US$215 per person; second-class: four-berth cabin, US$160 per person.

NORTH FROM DANDONG

North along the Yalu from Dandong is the town of Changdianhekou, unremarkable except for its own rail terminus, but 3km north of here is the Taipingwan hydro-electric dam. Halfway across the dam is a rusted, padlocked metal gate, another border with the DPRK, and noticeable along the DPRK bank are regular sentry points. It's possible to get a speedboat up and down on this reservoir.

The Yalu is not a deep river, and in summer this natural border becomes especially shallow, a fatal flaw for a natural border. Many small islands surface in the shallows, that are technically the DPRK if you're considering going and standing on them. A well-known point for this is the 'One Step Crossing' that is a short trek downhill from the Tiger Mountain Great Wall. The mountain is where China's Great Wall begins, and its good views into the DPRK make it a great attraction.

One Italian journalist made the 'One Step Crossing', reached an exposed island and was hailed across by a DPRK guard, which he accepted! The Italian wrote later he was well fed and asked idiot questions for a few days before being sent to drift back into China (far easier than fiddling with visas at controlled border points). Great japes: don't try it!

In the regions running northeast from Dandong along the Yalu, the Korean influence becomes more and more marked. In Jilin and Heliongjiang provinces live 1.8 million ethnic Koreans, 800,000 of whom live in the Yanbian Autonomous Prefecture, a triangular enclave forming the last section of China's border with the DPRK.

From the southeast of Liaoning Province all the way to Changbaishan are entire Korean villages, visible in the shop signs, bilingual road signs, Korean forms of dress, the density of Korean Protestant churches and the highly conscious bilingualism of the locals. Korean communities grow in rural and urban concentration the closer to Korea you are. (Unfortunately, Korea's division manifests itself in the peninsula's diasporas, and in Beijing the distinction between the ROK and DPRK communities is clearly defined.)

HISTORY Tides of migration have ebbed and flowed from China into Korea and back for millennia. Some tribes or groups were nomadic, touring the lands before arbitrary borders were defined in search of new lands of plenty when previous habitats were lacking, natural disasters destroyed their crops or ill-treatment posed some kind of threat. They then either resumed their livelihoods elsewhere or formed military forces to resist and possibly oust their homeland rulers. Sometimes, people were given in tribute from one state to another, or were stolen by foreign raiding parties.

The area came under Koguryo control from the late 400s as Koguryo united the Puyo people and ruled all the way up to the Amur River for two-and-a-half centuries. When Koguryo divided into separate states from 668, the northernmost state was that of Palhae. A former Koguryo general formed with the Malgal tribe an army that led a mass migration into Manchuria, settling around today's Jilin. A new state was established, named Palhae in 713, that soon expanded to take over the northern remnants of Koguryo, combining them with the Manchurian gains. The state reached its pinnacle in the first half of the 9th century under King Seon, when Palhae stretched from the Yellow Sea to the Sea of Japan, and from Chongjin in today's Korea up to Yanji, with its capital in today's Chongchun. However, the state was only as stable as its neighbours allowed it to be, and Palhae wasn't exempt from the warring that brought down the T'ang dynasty, succumbing to the Khitan in 926. Those of the ruling classes that could escape to their more common kin in the new Koryo state did so. The Koreans joined with the Malgal people and assimilated into Manchurian life, eventually helping found the Jurchen.

Later Koreans were just taken. In 1254, the Mongols returned from Koryo with a booty of 26,000 Koreans. Many returned over the years, and many migrated back, so in 1464, 30,000 Koreans were recorded as living in Liaodong. The 1627 and 1637 Manchu raids on Korea enslaved tens of thousands. Some Korean families somehow earned freemen status and attained minor noble status under the Manchus, but these were the exception.

From 1677, an area one thousand li north of Changbaishan was declared off limits by the Qing dynasty that also established a buffer zone just north of the Yalu and Tuman rivers. Any interlopers were thrown back south of the rivers to the Ri, who built a half dozen garrisons to prevent any concerted northern invasion.

Nonetheless, people continued to migrate across the rivers in fair seasons, dressing down and cutting their topknots to appear more Chinese as they escaped the harsh life of northern Korea. For two centuries this continued until a string of natural disasters in northern Korea caused a sudden upsurge in migration away from famine. From 1865 the Qing officially allowed Koreans to live and farm in Manchuria and later Dunwha, where Korean farmers pioneered and prospered on the land. Immigration to Manchuria eased as trade with Ri was established, and by 1894 there were 20,000 in Yanbian alone.

It's from those decades of migration that the current Korean population's cultural origins are thought to source. Earlier waves and pockets of Koreans saw their own way of life drowned in the sea of Han Chinese culture. The circumstances of their arrival, often destitute and starving, prevented them reaching any position of wealth and influence to defend their culture. As well as happenstance and convenience, their new rulers demanded the migrants' assimilation, to turn them from obstructive aliens to trusty clans people. The Yuan rulers established a governor-general office to rule the Koryo people, as did the Ming. Migrants arriving in early Qing Manchuria were dispersed far and wide. Toleration of Koreans didn't come until the late Qing.

Imperial Japan's attempts to smother Korea's culture were partly what led to a staggering rise in Korean migration in the 20th century. That, and the impoverishment of Korea's peasants, saw migrants into Manchuria surpass 450,000 in number in 1920 to reach 2.1 million by 1945. Many had fled the Japanese but many more were sent there. As Japan's great but subservient brethren, Koreans populating Manchuria secured the territory for their Japanese masters. Only the landscape and sheer numbers allowed for great resistance. Many of the disparate political and military movements that were collectively the Korean National Liberation Movement were based in Manchuria throughout Japan's rule, aiding and abetting Chinese resistance against the Japanese; and thousands of Koreans volunteered for the communist forces in China's civil war of 1946–49, engaging in fighting and liberating cities like Changchun and Jilin.

This assistance to the communist victory was in return for Chinese help in Korea's own struggle against the Japanese and later in the Korean War. Long-term training and support, ideological and material, was also provided by the Soviet Union at this time, where Kim Il Sung refined his leadership skills. The extreme conditions of guerrilla warfare in this part of the world imbued toughness in its veterans that would serve them well.

WHAT TO SEE The roads pass a landscape of forested hills, gulleys and peaks. From Dandong to Tonghua on route 201 is Huanren town, where there's an odd little theme park. From there you can take a power-boat onto the adjacent lake that stretches over the Liaoning/Jilin border to an artists' colony where Chinese artists go and commune with nature, living in a tiny valley in which sit little Gothic-style timber houses. Visitors are welcome to stop off to visit, see their works and hang around for a bizarre but relaxing sojourn.

Further along the way is Huadian, a town on a river where you're almost compelled to stop and try the local fish restaurants.

TONGHUA *41.3° north, 126° east; 40km from DPRK border, Jilin Province, China.* This sprawling provincial town hangs onto the lower slopes of the Longgang mountain range, with parts over 1,500m altitude. It doesn't serve any great treats for the visitor and is mainly useful for its proximity to Ji'an.

Getting there and away It's an hour's taxi drive from Tonghua to Ji'an. There is an overnight train to Tonghua from Beijing (19 hours, RMB82), then transfer to the Jian bus at the long-distance bus station (2 hours, RMB15).

Where to stay

Tonghua Hotel 22 Cuiquan Rd, Tonghua, Jilin 134001; ✆ +86 (0)435 213798; ✆ +86 (0)435 213367

JI'AN *41.10° north, 126.05° east; China/DPRK border, Jilin Province, China.* This is a small, bi-lingual city of 100,000, stashed in the mountains flanking the Yalu, but is rich in its ancient history and its tourist industry thrives on ROK tourists coming to what was the capital of the Koguryo empire. It was established by the Qin 221BC, and noted sights include the Tianxiang Memorial, the Bailuzhou Institute or the Xiyang Palace. Ten thousand ancient tombs and other historical sites including the General's Tomb are around the city, although many are barred to non-Chinese or Koreans. But it doesn't seem that the tourists spend a lot here: the city still has a slightly run-down appearance that fits its remote setting. From Ji'an station a train runs to the DPRK, for which there is fat chance you can get on, but following the tracks to Ji'an Bridge is one viewing point for those coming in and out of the DPRK. Border guards and railway workers may be amenable to some fee allowing you to get very close to the dividing border line on the bridge between China and the DPRK (look out for trains steaming over it, however). The risk's up to you.

Where to stay

Ji'an Hotel 98 Yingbin Lu; ✆ +86 (0)435 620 1598. Serviceable rooms. $

MOVING ON Route 201 continues from Tonghua to Baihe, the last port of call for Changbaishan Nature Reserve.

CHANGBAISHAN NATURE RESERVE *42° north, 128° east; China/DPRK border, southeast of Jilin province, China.* This is China's largest nature reserve at over 200,000ha of virgin forest, a 78 x 53km area across three counties, and has recently become a UNESCO World Biosphere Protection Zone. It is home to the rare Manchurian tiger, sikas, sables, snow leopards and wild ginseng, and as the ground rises up from 500m above sea level to over 2,000m, the forests turn from broadleaf coniferous through pine, spruce, stunted fir and then tundra.

The transformation of the landscape forms the backdrop as you plough skywards, towards the heart of the reserve where sits Changbaishan, meaning 'eternally white mountain', practically the same as the Koreans' Mt Paektu, or 'white-topped mountain'. This crown of volcanic rock surrounds a piercingly clear, round lake in its caldera, the Tian Chi Lake (meaning 'heavenly lake').

The final road to Changbaishan is little more than a dirt track. The tourist buses take around three hours to heave towards Changbaishan through a flat wilderness of clearings between forests of birch, towering Korean pine, Scots pine and Japanese yew, while lorries laden with logs come the other way. The road forks at two huge billboards for Daewoo and Hyundai, and a big white modern hotel with Korean buses outside of it. Another 45 minutes further is the national park entrance. Locals and student cardholders pay RMB15, foreigners RMB150! Regardless, you're clearly at the bottom of something steep. Fifteen minutes later, you arrive at the base of Changbaishan itself, evidenced by a car park full of tourists, hawkers, little shops and stalls of T-shirts, medicinal antlers and ginseng. There's a small hotel good for seeing the area in the evening.

From the car park are a few routes up the mountain. For RMB100 a jeep can take you up a series of hairpin bends to the volcano's summit (high above the lake) where the view's terrific if not blocked by fog. To go by foot, the western path is scenic but dangerous enough to entail another charge of 'insurance' and you're given a hard hat to walk up steps sheltered with metal sheet. Fifteen minutes' walk up these stairs is a beautiful waterfall pouring from the lake, cited as the beginning of the Yalu River, and then comes Tian Chi Lake itself. High winds may be blowing between the sharp peaks stabbing the sky round Tian Chi, but the lake itself will be mirror-flat. Many Koreans wade into the scarcely thawed water and sing songs, while the Chinese take pictures. There are also a hundred-odd little towers of piled stones, impromptu pagodas that tourists build.

Still, shackles have been raised of late over the mountain's 'ownership'. Although China and the DPRK agreed in the early 1960s to 'co-own' Paektu, with the latter controlling just over half of the site, suspicions are rising among Koreans (particularly in the south) that China is wheedling to take a greater hold of the mountain by various economic, cultural and historically revisionist moves. Tourist developments on the Chinese side will grow hammer and tongs after the nearby Fusong airport reopens with a half-million passenger-per-year capacity in 2008. All the tourists would be coming to see what could become a UNESCO World Geopark and World Heritage Site, if China has its way – much to South Koreans' irritation with the implication that the mountain is China's to list in this way.

Paektu is rumoured to figure high as a venue on China's plans for the 2018 Winter Olympics (should China bid and win the hosting). For the 2007 Winter Asian Games, held at Changchun, China placed a lit torch on the mountain, raising the ire of South Koreans sufficiently that ROK athletes at the games brandished signs saying 'Paektu is ours'.

Although the lake's half Chinese, half DPRK, there's no sign of the border at all in the crater, and it's not obvious outside of it either – no great electric fences or 'LANDMINE' placards about. Once you're free of the crater, it's a landscape (or moonscape) of Scottish moorlands well scored with paths, but be very careful where you stray. One Bristol chap wandered off and came across a hut where he went to ask directions to the nearest Chinese village. The DPRK border-guards inside took him to the nearest DPRK village, where he wasn't badly treated for the two months of haggling the authorities took to get him out.

On Changbaishan's north side is a group of hot springs, identifiable from the hot, steamy air that wafts from them all year. The waters are supposed to be of great medicinal benefit, and some pools can be entered but be careful as they're mostly over 60°C, with an extreme measured at 82°C.

Getting there and away One way to get to Tian Chi is to book a three-day tour through the CITS in Jilin (⤻ +86 (0)432 244 3442; f +86 (0)432 245 6786), for all transport, accommodation up to and around the lake. There are also ROK specialist firms in Beijing that run tours (they're the organisers of the Korean tour buses you'll see all over the site). Non-Koreans are unusual but most welcome. Contact Beijing Xinhua International Tours Co (*Jia 23, Fuxinglu, Beijing, China;* ⤻ +86 10 6829 6533).

There is now a tour taking tourists all the way from the ROK to Paektu by means of sea and land. The ROK port of Sokcho, which normally serves Hyundai Asan's resort in Kumgangsan, has ferry routes plying all the way to Zarubino in Russia, from where tourists then bus to Hunchun, China and on to Paektu. The route is run by the South Korean Dongchun Ferry Company (⤻ +82 2 720 0271; *http://dongchunferry.co.kr*). Visas for China and Russia are required, with the tour taking in some Koguryo and Palhae sites in Manchuria as well as Paektu and some welcome remains of 'anti-Japan sites etc', according to the website (another plan to have the Sokcho ferry dock at Rajin and repair rail links to Paektu, making the route an all-Korean affair, remains just that). Yanbian has a website in English which might one day prove to be more useful: http://tris.yanbian.gov.cn.

By bus Otherwise, going it alone, the nearest village to Tian Chi is Baihe, which one way or another you have to reach. Jilin to Baihe takes seven hours and costs RMB50. Yanji to Baihe takes three hours and costs RMB20. There's also a direct bus from Yanji that takes four-and-a-half hours. Dunhua to Baihe takes four hours; there are six buses a day starting at 07.45.

Buses from Baihe to Tian Chi leave opposite Baihe railway station from 06.00 until 12.00. The last bus from Tian Chi to Baihe leaves at 16.00.

By train One train leaves Tonghua at 08.45 arriving in Baihe at 17.15, another overnighter leaves Tonghua at 21.05, and arrives at Baihe at 04.36.

By car From Tonghua and Yanji it's possible to hire drivers who will take you to Changbaishan in one-day missions (from RMB300) but from any further places you would have to account for their accommodation.

 Where to stay and eat The only food on offer anywhere is likely to be dog meat.

🏠 **Swimming Pool Hotel** Baihe. A family-run establishment, which is good for children.

🏠 **Yanbian Baishan Hotel** (360 rooms) 66 Youyi Roud, Yanji; ☎ +86 (0)433 258 1111. 4-star hotel in central Yanji, 3km from the airport. $$–$$$.

What to see Yanji has also taken the olde village tea shoppe route by building the Yanji Hailan Lake Folk Customs Tourism & Holiday Villa Resort, with Korean Chinese history and customs re-performed for those interested in the 'old way' before going back to their 'new way' lives. Also known as Helong Village (☎ *+86 (0)433 251 0122;* f *+86 433 251 1533*), this is worth seeing only as an example of how badly planned tourism can get.

YANBIAN AUTONOMOUS PREFECTURE *Northeast part of the China/DPRK border, Jilin Province, China.* Changbaishan sits just on the southernmost corner of Yanbian Autonomous Prefecture (Yonbyon to Koreans). This triangular area on the DPRK's border is home to over half of China's Koreans, who make up half the population, as they have for a century. This population density has meant that Yanbian's Koreans have been able to defend their ethnicity as a coherent community by being more powerful politically and economically, hence China's communist government recognises the Koreans as a distinct nationality, ethnically separate from the dominant Han Chinese. From 1949, Han Chinese began to repopulate the area, in the cities of Tonghua, Wangqing and Yanji. The Korean nationality is the 12th largest of China's 56 minorities, although it makes up under 0.2% of the total population. In Yanbian Chinese and Korean languages are used at varying levels in local government and are taught in schools.

History For centuries before the late 1800s, Yanbian was off limits, kept by the Ming and Qing as an exclusive reserve of primeval forests and virgin land used as royal hunting grounds. The region was only officially to come under cultivation from the 1880s, although many migrants, including Koreans, had surreptitiously begun to till the land before this. It was the Koreans who became most noted for their skills in turning huge tracts of apparently useless land over to wet-field agricultural use. Their reputation for changing this wild frontier into usable paddyfields was something on which the Japanese wished to capitalise when they forcibly populated Manchaca with Koreans. Complicit in Japanese suppression of Korean culture from 1910 onwards were the Chinese warlords who filled the post-Qing power vacuum at the time – although even the Qing hadn't been overtly tolerant of Korean culture.

In that decade Yanbian became a centre of anti-Japanese resistance, and 20 towns recorded disturbances during the 1919 March 1 Movement, formulating the first coherent civilian response to Japan's occupation of Korea. In 1920 major battles were fought between the Japanese and forces of the Korean Provisional government (based in Shanghai). A Korean division wiped out a smaller Japanese force in June, and lost 1,000 troops in heavy fighting around Chung-san-ri (northwest of Changbaishan) in October 1920. Japanese forces retaliated by burning 2,500 homes and schools and killed or imprisoned over 10,000 Koreans in the Yanbian area. Thousands of skirmishes occurred in the 1920s, and small groups later formed into Anti-Japanese Guerrillas or Worker-Peasant Righteous Armies, accruing 12,000 Korean troops in Yanbian by 1932. The Northeast Anti-Japanese United Army (NEAJUA) soon formed, the main resistance force among a myriad of other units that sprung up across Manchuria and the Sino–Soviet border. Many stayed on after 1945 to fight Chiang-Kai Shek's forces, and by 1949 14,000 Koreans had died fighting for the Chinese communists. The People's Republic of China established the Yanbian Autonomous Prefecture in September 1952, which remained a backwater for decades as Koreans and Chinese settled into reconstructing their agrarian lives.

Since the early 1990s, two groups of Koreans have been migrating back to the region. One group is ROK Korean business investors (and lately, tourists) keen to plough hundreds of millions into the area as a centre of Korean industry and commerce in China's industrial northeast and on Russia's border. ROK business has grown since China recognised the ROK in 1992, and the average wage in Yanbian is twice the Chinese national average.

The second group is another migration of refugees from the DPRK following the 1990s' agricultural collapse. Hundreds of thousands are estimated to be hiding in China, mostly among the Korean communities that can absorb them and give them shelter and waged work. Whether eking out a living with other Koreans or en route southwards, these illegal immigrants are forcibly repatriated to the DPRK by the Chinese security services, where their fate can be prison or sometimes worse. A steady rise in refugees storming Beijing's embassies from 2000 onwards raised tensions between the two Koreas and caused great political embarrassment for the Chinese government, particularly as the incidents surged in the run-up to the 2002 World Cup in the ROK. The Chinese are taking the DPRK side (it would be difficult for them not to) and there have been incidents of Chinese troops 'invading' embassies with some violence to retrieve refugees. The barbed wire that now bedecks Beijing's diplomatic quarter is one very visible result of this hard-line policy.

For more information on the plight of refugees and what they are escaping, search for North Korea under the United Nations High Commission for Refugees (*www.unhcr.org*), Amnesty International (*www.amnesty.org*) or the Human Rights Watch (*www.hrw.org*).

YANJI *42.5° north, 129.25° east; Jilin Province, China.* The capital of Yanbian is Yanji, a small city of 350,000 people of whom 60% are ethnic Koreans, as seen in the bilingual street signs. The Chinese minority speak less Korean, but Koreans typically speak both languages. Investment from ROK businesses into industry and tourism has been pouring into the city, and it is a prosperous-looking city, with wide roads, lots of glass and steel and shopping malls. There are over 500 Chinese–foreign joint-ventures in Yanji. It's easy to get whole-body massages and facials that go on for hours for only RMB50, and Yanji is full of dog restaurants.

In very early September is the Korean folk festival, that exhibits folk arts in painting, dress and food, but also folk customs in song and dance, with song and dance competitions such as wrestling, see-sawing and swinging that date back centuries in Korea. But this all takes place at the end of the season when Changbaishan is easily accessible, so time it well. The Tuman River International Art Festival of Yanbian Prefecture is another festival that you should ask CITS about.

Getting there and away No special permits are needed for the Yanbian Prefecture. Yanji is the nearest big Chinese city to Changbaishan. Flights from Beijing to Yanji cost around US$240 return, and from Yanji one-day tours (RMB290) to Changbaishan run, the mini-bus leaving at 05.00 to make the five-hour drive and hammering it back by evening. To Yanji there are daily trains (13hrs, RMB322) and flights (2hrs, RMB970) from Beijing.

Tour operators
CITS 4 Yanxi St, Yanji, Jilin 133002; ☎ +86 (0)433 271 5018; f +86 (0)433 271 7906

Where to stay
🏠 **Baishan Hotel Yanbian** 2 Youyi Rd, Yanji, Jilin 133000; ☎ +86 (0)433 515958; f +86 (0)433 519493

🏠 **Yanbian Guest House** 3 Yanji Rd, Yanji, Jilin 133000; ☎ +86 (0)433 512733

🏠 **Postal Hotel** 68 Juzi jie, Yanji City; ☎ +86 (0)433 2910888. $$$

🏠 **Xinqiao Hotel** 96 Guangming Lu, Yanji; ☎ +86 (0)433 251 7452

✗ **Where to eat** There are a lot of dog-meat restaurants – follow the howling (no, really), or Korean cold noodles are found at 42 Hailan Lu (☎ +86 (0)433 251 3624).

Bradt Travel Guides

www.bradtguides.com

Africa

Africa Overland	£15.99
Algeria	£15.99
Benin	£14.99
Botswana: Okavango, Chobe, Northern Kalahari	£15.99
Burkina Faso	£14.99
Cape Verde Islands	£13.99
Canary Islands	£13.95
Cameroon	£13.95
Congo	£14.99
Eritrea	£15.99
Ethiopia	£15.99
Gabon, São Tomé, Príncipe	£13.95
Gambia, The	£13.99
Ghana	£15.99
Johannesburg	£6.99
Kenya	£14.95
Madagascar	£15.99
Malawi	£13.99
Mali	£13.95
Mauritius, Rodrigues & Réunion	£13.99
Mozambique	£13.99
Namibia	£15.99
Niger	£14.99
Nigeria	£15.99
Rwanda	£14.99
Seychelles	£14.99
Sudan	£13.95
Tanzania, Northern	£13.99
Tanzania	£16.99
Uganda	£15.99
Zambia	£15.95
Zanzibar	£12.99

Britain and Europe

Albania	£13.99
Armenia, Nagorno Karabagh	£14.99
Azores	£12.99
Baltic Capitals: Tallinn, Riga, Vilnius, Kaliningrad	£12.99
Belarus	£14.99
Belgrade	£6.99
Bosnia & Herzegovina	£13.99
Bratislava	£6.99
Budapest	£8.99
Bulgaria	£13.99
Cork	£6.99
Croatia	£13.99
Cyprus see North Cyprus	

Czech Republic	£13.99
Dresden	£7.99
Dubrovnik	£6.99
Estonia	£13.99
Faroe Islands	£13.95
Georgia	£14.99
Helsinki	£7.99
Hungary	£14.99
Iceland	£14.99
Kiev	£7.95
Kosovo	£14.99
Krakow	£7.99
Lapland	£13.99
Latvia	£13.99
Lille	£6.99
Lithuania	£13.99
Ljubljana	£7.99
Macedonia	£14.99
Montenegro	£13.99
North Cyprus	£12.99
Paris, Lille & Brussels	£11.95
Riga	£6.95
River Thames, In the Footsteps of the Famous	£10.95
Serbia	£14.99
Slovakia	£14.99
Slovenia	£12.99
Spitsbergen	£14.99
Switzerland: Rail, Road, Lake	£13.99
Tallinn	£6.99
Ukraine	£14.99
Vilnius	£6.99
Zagreb	£6.99

Middle East, Asia and Australasia

China: Yunnan Province	£13.99
Great Wall of China	£13.99
Iran	£14.99
Iraq	£14.95
Iraq: Then & Now	£15.99
Kyrgyzstan	£15.99
Maldives	£13.99
Mongolia	£14.95
North Korea	£13.95
Oman	£13.99
Sri Lanka	£13.99
Syria	£14.99
Tibet	£13.99
Turkmenistan	£14.99
Yemen	£14.99

The Americas and the Caribbean

Amazon, The	£14.99
Argentina	£15.99
Bolivia	£14.99
Cayman Islands	£12.95
Colombia	£15.99
Costa Rica	£13.99
Chile	£16.95
Dominica	£14.99
Falkland Islands	£13.95
Guyana	£14.99
Panama	£13.95
Peru & Bolivia: Backpacking and Trekking	£12.95
St Helena	£14.99
USA by Rail	£13.99

Wildlife

100 Animals to See Before They Die	£16.99
Antarctica: Guide to the Wildlife	£14.95
Arctic: Guide to the Wildlife	£15.99
Central & Eastern European Wildlife	£15.99
Chinese Wildlife	£16.99
East African Wildlife	£19.99
Galápagos Wildlife	£15.99
Madagascar Wildlife	£14.95
Peruvian Wildlife	£15.99
Southern African Wildlife	£18.95
Sri Lankan Wildlife	£15.99

Eccentric Guides

Eccentric America	£13.95
Eccentric Australia	£12.99
Eccentric Britain	£13.99
Eccentric California	£13.99
Eccentric Cambridge	£6.99
Eccentric Edinburgh	£5.95
Eccentric France	£12.95
Eccentric London	£13.99
Eccentric Oxford	£5.95

Others

Your Child Abroad: A Travel Health Guide	£10.95
Something Different for the Weekend	£12.99

Appendix I

LANGUAGE

GENERAL

	Transliteration
Hello	*Annyong haseyo*
Goodbye	*Annyonghi kyeseyo*
Good morning/afternoon/evening	*Annyonghasimnikga*
How are you?	*Pyonanhasimnikga?*
My name is (I am) John	*Jega John imnida*
Yes	*Ye*
No	*Aniyo*
Please	*Juseyu*
Thank you	*Gomapsumnida*
How much is this…?	*Iga olma eyo?*
It's too expensive	*Nomu pissayo*
I'd like to buy…	*… issoyu*
Where is … ?	*… i odi issoyu?*
Excuse me	*Yobosio*
I don't understand	*Modaradurossoyu*
What street is this?	*Yogin musun gorimnikga?*
I'm going to Pyongyang	*Nanun Pyongyang-e gamnida*
doctor	*uisa-sonsaengnim*
hospital	*byong-uon*

TRANSPORT

airport	*konghang*
bus	*bosu*
bus station	*bosu tominol*
bus stop	*bosu chongnyujang*
metro	*chihachol*
railway station	*kichayok*
taxi	*taegsi*
Take me to…	*… e kajuseyo*
Turn right	*Oruntchoguro kaseyo*
Turn left	*Wentchoguro kaseyo*
Go straight on	*Dokparo kaseyo*
How much to go to…	*… kaji kanund olma eyo?*
Stop here	*Yogiso seuojusibsio*
What street is this?	*Yogin musun gorimnikga?*
Where can I buy a ticket?	*Pyo odiso salsu issoyo?*
Does this train go to…?	*Ichiga … e kayu?*
What station is this?	*Yogiga mosun yogeyo?*

hospital	*pyongwon*	Help me	*Towajuseyo!*
pharmacy	*yakkuk*	Call the police	*Kyongchal pulojuseyo!*
embassy	*taesagwan*	Call a doctor	*Wisa pulojuseyo!*
doctor	*wisa-sonsaengnim*	It hurts here	*Apayo*

Does this bus go to…?   *Ibosu … e kayu?*
How long is the tour?   *Yohang hanund omana kollyoyo?*

HOTELS AND RESTAURANTS

hotel	*hotel*
restaurant	*shiktang*
toilet	*hwajangshil*
I'm hungry	*Che paegopun*
I'm thirsty	*Che mongmarun*
I'm tired	*Che pigonhan*
Please show me the menu	*Sigsa annaepyo jusibsio*
Please give me …	*… jom jusipsio.*
Please give me some tea	*Cha jom jusipsio*
I don't eat pork/egg/meat	*Nanun doejigogi/dalgyal/gogi an mogsumnida*
Cheers!	*Konbae!*

FOOD

beans	*kong*	omelette	*dalgyalsam*
beef	*sogogi*	onion	*pa*
bread	*bang*	pork	*doaejigogi*
butter	*bada*	potatoes	*gamja*
carrot	*hongdangmu*	rice	*bab*
chicken	*dakgogi*	salad	*saengchae*
cucumber	*o-I*	soup	*gug*
egg	*dalgyal*	soya	*ganjang*
fish	*saengson*	spinach	*sigumchi*
fish soup	*saengson-gug*	tomato	*domado*
meat	*gogi*	vegetables	*yacha*

DRINKS

beer	*maegju*	milk	*uyu*
coffee	*kopi*	water (soda water)	*saida*
tea	*cha*		

OTHER USEFUL WORDS

post office	*ucheguk*
department store	*pakwajom*
bank	*unhaeng*

TIME

What time is it now?	*Jigum myosimnikga?*
What time does (it)…	*Mun onje*
open/close/leave/arrive?	*yoroyo/tadoyo/donayo/tochakayo?*
minute	*ban*

3 o'clock	*Se si*		
03.05	*se si da ban*		
03.15	*se si sibo ban*		

Days of the week

Monday	*wolyoil*	Friday	*kumyoil*
Tuesday	*hwayoil*	Saturday	*t'oyoil*
Wednesday	*swuyoil*	Sunday	*ilyoil*
Thursday	*mokyoil*		

Months

January	*iluol*	July	*chil-uol*
February	*I-uol*	August	*pal-uol*
March	*sam-uol*	September	*gu-uol*
April	*sa-uol*	October	*si-uol*
May	*o-uol*	November	*sibil-uol*
June	*yu-uol*	December	*sibi-uol*

NUMBERS

1	*hana*	30	*sorun*
2	*dul*	40	*mahun*
3	*sed*	50	*suin*
4	*ned*	60	*yesun*
5	*dasod*	70	*irun*
6	*yosod*	80	*yodun*
7	*ilgop*	90	*hun*
8	*yodol*	100	*baeg*
9	*ahop*	200	*I + baeg*
10	*yol*	1,000	*chon*
11	*yol + hana*	10,000	*baeg + man*
20	*sumul*	half	*ban*

SOME USEFUL PHRASES

What a fast Chollima speed!	*Cholima-sogdoimnida!*
Fancy abolishing taxation!	*Segumul opsaedani!*
President Kim Il Sung is really the greatest communist fighter and true revolutionary	*Kim Il Sung jusongimun chamuro uidaehan gongsanjuitusaisimyo jinjonghan hyongmyongga isimnida*
Long live the Juche idea!	*Juche sasang-manse*
Korea must be identified independently	*Josunun jajujoguro tong-il haeya hamnida*
Yankees are wolves in human shape	*Yankingum in gane tarul sun sungnyang-ida*

Appendix 2

FURTHER INFORMATION

The Korean Publications Exchange Association (*PO Box 222, Pyongyang;* ✆ *850 2 18111 (8842);* ✆ *850 2 381 4632/4416/4427*) welcomes orders from and exchange with foreign friends and overseas Korean compatriots.

BOOKS Many of the contemporary titles listed below are available through booksellers or can be found on www.amazon.co.uk or www.amazon.com. Older titles could be obtained through Probsthains (*41 Great Russell St, London WC1,* ✆ *0207 636 1096*), a specialist bookshop on east Asia, or the School of Oriental and African Studies (SOAS) (✆ *0207 637 2388; www.soas.ac.uk*).

A comprehensive list of DPRK publications in Western languages can be obtained from the Korean Publications Exchange Association (*PO Box 222, Pyongyang, DPRK;* ✆ *+850 2 381 4632*).

Contemporary DPRK

Choi, Sung-Chul *Human Rights and North Korea* Institute of Unification Policy, Hanyang University, 1999, ISBN 89-86763-05-2.

Chol-Hwan, Kang and Rigoulot, Pierre *Aquariums of Pyongyang: Ten Years in the North Korean Gulag* Perseus Press, 2001, ISBN 1-903985-05-6. One man's chilling account of life in a DPRK prison camp.

Cornell, Erik *North Korea under Communism* Routledge 2002, ISBN 0700716971.

Cumings, Bruce *Korea's Place in the Sun* W W Norton& Co, 1998, ISBN 0-3933-168-15. A comprehensive history of Korea focusing mainly on the tumultuous last century and the origins of both sides' political economies.

Cumings, Bruce *North Korea: Another Country* The New Press; Reprint 2004, ISBN-10: 1-565849-40-X. Cumings is one of the finest analysts and writers on the DPRK and its place in the world, and in this he charts the far deeper connections and battles going on between it, its neighbours and arch-nemesis the US than the rest of the world is commonly told.

Cumings, Bruce and Hoepli-Phalon, Nancy L (eds) *Divided Korea: United Future?* Headline Series, 1995, ISBN 0-8712-416-41

Grangereau, Philippe *Au Pays du Grand Mensonge: voyage en Corée du Nord* Le Serpent de Mer, 2001, ISBN 2-913490-05-0

Harrison, Selig S *Korean Endgame: A Strategy for Reunification and US Disengagement* Princeton University Press, 2002, ISBN 0-691-09604-X 448. Harrison argues that the North is not about to collapse and the path to permanent peace on the peninsula is being obstructed by US policy.

Hayashi, Kazunobu and Komaki, Teruo (eds) *Kim Jong-Il's North Korea: An Arduous March* Institute of Developing Economies, Tokyo 1997. Accessible accounts of the DPRK's economic woes.

Henderson, Gregory *Korea: The Politics of the Vortex* Harvard University Press, 1968

Hunter, Helen-Louise *Kim Il Sung's North Korea* 1999, Library of Congress No 98-24560, ISBN 0-275-96296-2. Easy-to-read section-by-section account of life in the DPRK, from school to army to workers, based on declassified CIA reports from defectors.

Kongdan Oh, Kongdan and Hassig, Ralph C *North Korea through the Looking Glass* Brookings Institution Press, 2000, ISBN 0-8157-6435-9. A must-read dissection of modern North Korea and how its society and economy have come to be.

Krause, Lawrence B and Cumings, Bruce *Korea's Economic Role in East Asia – The Great Game on the Korean Peninsula – Japanese Colonialism in Korea: A Comparative Perspective* James Lilley, 1997, ISBN 0-9653935-18

Kang, Kyok *This is Paradise!* Brown Little, ISBN-10: 0-316729-66-3. This book goes into uncomfortable depth detailing how life in the DPRK is anything but.

Natsios, Andrew S *The Great North Korean Famine* United States Institute of Peace, 2002, ISBN 1-929223-33-1. In-depth coverage of the collapse of DPRK's agriculture.

Noland, Marcus and Bergsten, C *Avoiding the Apocalypse: The Future of the Two Koreas* Institute for International Economics, 2000, ISBN 0-881-322784. A droll and accessible yet broad account of the complex socio-economic and security issues facing the North and the South.

Ok, Tae Hwan and Lee, Hong Yung *Prospects for Change in North Korea* Regents of the University of California & Research Institute for National Unification, Seoul, 1994, ISBN 1-55729-045-8

Scalapino, Robert (ed) *North Korea Today* Frederick A Praeger, 1963, Library of Congress No 63-20152. A readable overview of the post-war DPRK reconstruction and rebirth.

Scalapino, Robert and Lee, Chong Sik *Communism in Korea* vols 1 & 2, Berkeley: University of California Press, 1972

Smith, Hazel *Hungry for Peace* United States Institute of Peace Press 2005, Library of Congress Control Number 2005936704. A fascinating update on the ongoing issue of the DPRK's agricultural situation and its wider ramifications for the state's society and policies at home and abroad

Suh, Dae-Sook and Lee, Chae-Jin (eds) *North Korea after Kim Il Sung* Lynne Reiner Publishers, 1998, ISBN 1-55587-763-X. A broad selection of essays on the DPRK's economic, military, political and foreign prospects.

The leaders

Baek, Jo Song *The Leadership Philosophy of Kim Jong Il* Foreign Languages Publishing House, Pyongyang, Korea Juche 88, 1999

Buzo, Adrian *The Guerilla Dynasty* Westview Press, Boulder, Colorado, 1999, ISBN 0-8133-3659-7. This is the Kremlinologists' guide to the DPRK, a masterpiece of inference.

Ha, Kim Chang *The Immortal Juche Idea* Pyongyang Foreign Languages Publishing House, Pyongyang, 1984

Lankov, Andrei *From Stalin to Kim Il Sung: The Formation of North Korea 1945–1960* Rutgers University Press, 2002, ISBN 0-8135-3117-9. This charts in detail the first decades of North Korea when Kim Il Sung's power was forged to be absolute. This has a complete biography of Kim Il Sung to his death in 1994.

Sung, Kim Il *Kim Il Sung: Works* Foreign Languages Publishing House, 1996. The 39 volumes by the Great Man are the clearest DPRK produced texts, for it is himself and his ideas in his own words.

The True Story of Kim Jong Il The Institute for South–North Korea Studies, Korea Herald Inc, 1993, OCLC 28479091. Scandalous in every sense, this ROK publication is worth reading for its extreme view of the DPRK.

War

Baldwin, Frank (ed) *Without Parallel: The Korean–American Relationship Since 1945* Pantheon Books, New York, 1974

Becker, Jasper *Rogue Regime: Kim Jong-il and the looming threat of North Korea* Oxford University Press 2006, ISBN-13 978 0 19 530891 4. Does what it says on the tin with a bit less accuracy.

Hastings, Max *The Korean War* Pan Macmillan, 1993, ISBN 0-333-59153-4. Well-written account of the conflict but virtually bereft of any Korean civilian or North Korean accounts.

Kirkbride, Major Wayne A *Panmunjom: Facts about the Korean DMZ* Hollym International Corp, USA, 1985, ISBN 0-930878-42-6

Stone, I F *The Hidden History of the Korean War* New York: Monthly Review Press, 1952, ASIN: B0000CI9SA

Vatcher, William H, Jr *Panmunjom* Frederick A Praeger Inc, 1958, LCCCN 58-7887. Hyperbole and vitriol at the armistice talks. A really bad-tempered book by someone evidentally too close to the action.

A Practical Business Guide on the Democratic People's Republic of Korea The European Union Chamber of Commerce in Korea, 1998, www.eucck.org

Korean history

Hatada, Takashi *A History of Korea* American Bibliographical Center, Clio Press, LCCCN 69-20450. A very economics-oriented take on Korean history but with some good passages, when not bogged in detail.

Henthorn, William E *A History of Korea* The Free Press, 1971, LCCCN 75-143511

Maidment, Richard and Mackerras, Colin (eds) *Culture and Society in the Asia Pacific* Routledge, 1998, ISBN 0-415-17278-0

Suh, Dae-Sook and Schultz, Edward J (eds) *Koreans in China* Center for Korean Studies, University of Hawaii 96822, 1988, ISBN 0-917536-18-5

Tennant, Roger *A History of Korea* Kegan Paul International, 1996, ISBN 0-7103-0532-X. An enjoyably readable history of Korea.

Pyongyang Pingpong Diplomacy – What Achieved and Not Achieved The Korea Herald, Kwanghuamun, PO Box 523, Seoul, ROK, 1979. Collection of largely speculative articles about what the 1979 Pyongyang Ping-Pong Tournament was to achieve. More interesting for how universally cynical Western journalists can be.

Overview of Korean culture

Hoare, James and Pares, Susan *Korea: An Introduction* Kegan Paul International Ltd, 1988, ISBN 0-7103-0299-1. A rounded and enjoyable introduction to the history and culture of the peninsula.

Hoare, James and Pares, Susan *Korea* World Bibliographical Series vol 204, 2000, ISBN 1-85109-246-3

Howard, Keith, Pares, Susan and English, Tessa *Korea People, Country and Culture* SOAS, 1996, ISBN 0-7286-0266. A highly accessible sectioned breakdown of the major facets of Korean life.

Lee, Hyangjin *Contemporary Korean Cinema* Manchester University Press, 2000, ISBN 0-7190-6007-9. This thesis discusses cinema on both sides of Korea and details what's been shown at the Pyongyang Odeon.

Revolutionary Operas SOAS, London, DKN 782-387-559. A collection of operas produced through the lens of Juche.

Travelogues from the early 19th and 20th centuries

Allen, Horace N, MD *Things Korean* Fleming H Revell Co, 1908

Bergman, Sten *In Korean Wilds and Villages* Travel Book Club, London, 1938. A somewhat pro-Japanese travelogue of this ornithologist's expedition around Korea shortly before World War II.

Bishop, Isabella Bird, FRGS *Korea and Her Neighbours* Yonsei University Press, Seoul (reprint 1970). An interesting and warm account of missionary life in the late 19th century, if not a little heavy on the salvation angle.

Carles, W R *Life in Corea* Macmillan and Co, 1888. Quite a dull book for someone with such access to top-drawer chicanery.

Cavendish, Captain A E J *Korea and the Sacred White Mountain* George Philip & Son, London, 1894. A dour account of one man's hunting holiday, but useful to understand how the West saw Korea.

Griffis, William Elliot *Corea The Hermit Nation* Charles Scribner's Sons, New York, 1897. Of the accounts by early venturers to Korea, Griffis' is by far the most comprehensive, detailed and respectful.

Jaisohn, Philip, MD *My Days in Korea and Other Essays* Institute for Modern Korea Studies, Yonsei University, 1999, ISBN 89-7141-497-9-03900. Jaisohn's works give a highly intelligent but personal insight into Korea's history from the run-up to Japanese colonialism, Japanese rule and the post-World War II division.

Sihanouk, Norodom *The Democratic People's Republic of Korea* Foreign Languages Publishing House, Pyongyang, 1980. The King of Cambodia gets a very nice tour of the country and dutifully recorded everything he was told.

Underwood, L H, MD *Fifteen Years among The Top-knots* American Tract Society, 1904

Language Bear in mind that neither of the following teach the nuances of 'North' Korean:

Kim, In-Seok *Colloquial Korean* Routledge, 1996, ISBN 0-415-10804-7

Vincent, Mark and Yeon, Jaehoon *Teach Yourself Korean* Teach Yourself Books, 1997

North Korean published guides Few of the following publications can be found easily outside of the DPRK except in some university libraries, but contact the Korean Publications Exchange Association (*PO Box 222, Pyongyang, DPRK,* ☎ *+850 2 381 4632*).

Hyok, Hwang Bong and Ryol, Kim Jong *Korea Tour: A Land of Morning Calm, a Land of Attractions* National Tourism Administration Juche 86, 1997. Irritatingly vague at times.

Ju, Pang Hwan and Hyok, Hwang Bong *A Sightseeing Guide to Korea* National Tourism Administration, Foreign Languages Publishing House, 1991

Korea Tour National Tourism Administration, Pyongyang, 1998. One of the more recent guides with more factual details.

Kaesong/Mt Paektu/Mt Myohyang/Kumgang Tourist Advertisement and Information Agency, Songuja-dong, Mangyongdae, Pyongyang. Well-written guides to their respective areas, with good maps and details on routes and pockets of interest.

Pyongyang Review Foreign Languages Publishing House, Pyongyang, 1995. A dry mini-encyclopedia on Pyongyang.

Overviews of the country

Belke, Thomas J *Juche: A Christian's Study* Living Sacrifice Book Company, ISBN-10: 0882643290. This is a religious dissection of Juche but is far more readable than its title suggests, with lots of eyewitness accounts of what life is like in the North.

Crane, Charlie *Welcome to Pyongyang* Chris Boot 2007, ISBN-10: 19057-120-49. A large-leafed series of fine photographs of Pyongyang.

Harrold, Michael *Comrades and Strangers: Behind the Closed Doors of North Korea* Wiley 2004, ISBN 0-470-86976-3. A young Englishman lands a job in North Korea in 1986 and ends up staying for over seven years. It's a charming, insightful account of a life and love in the capital.

Lankov, Dr Andrei *Pyongyang and Its People: Notes of a Soviet Student* A very good read. This and other works by Dr Lankov can be found through www.google.com, as can those of Aidan Foster-Carter.

Phyo, Jon Won, Gang, An Chol and Su, Ri Pom *Panorama of Korea* Foreign Languages Publishing House, 1998.

Shuhachi, Inoue *Modern Korean and Kim Jong Il* Yuzankaku, Tokyo, Japan 1984

Springer, Chris *Pyongyang: The Hidden History of the North Korean Capital* Entente Br 2003, ISBN 93 00 8104 0. This is a slightly odd book, with the appearance and at times written style of a classic DPRK-produced guidebook, but with a decidedly sharper commentary and some interesting nuggets of information.

Juche 88, 1999. Very similar in scope to *Pyongyang Review* and filled with maps and pictures to break up a fact-filled but dry text.

MAGAZINES

Democratic People's Republic of Korea
Foreign Trade in the DPRK
Korea Business News Bulletin
Korea Today

WEBSITES Both Yahoo! and Google have free news tracker-alert gizmos that email you any and every DPRK-related headline you wish to receive.

News

www.kcna.co.jp This is the site of the DPRK's official online daily news output – Voice of North Korea, as it were – giving the perspective from Pyongyang amid much global celebration and accolades befalling the Dear Leader.

www.uriminzokkiri.com A somewhat pro-DPRK news website in Korean, English, Russian, Chinese and Japanese.

www.koreascope.com General round-up of information and news in Korean and English from both Koreas and diaspora beyond.

www.nautilus.org An informative website for the Institute for Security and Sustainability, a California-based think-tank that focuses much on the DPRK and the broader region.

Current affairs

north-korea.narod.ru/pyongyang_watch.htm Pyongyang Watch, a very well sourced site for current affairs and a somewhat more academic tone.

www.fas.org Federation of American Scientists reports on the DPRK in a security context.

www.iaea.org International Atomic Energy Agency Details of the situation regarding the DPRK's nuclear programmes

www.pyongyangsquare.com The Pyongyang Square gives objective views on DPRK-related developments, with maps and sources and some excellent overviews and commentary on security issues, economic, political and regional diplomatic developments. Very useful charts, maps and data. Most subscription-based for access.

www.cfr.org Council on Foreign Relations Forum on big guns giving the Western perspective on the world order. Can sign up to the Foreign Affairs newsletters, bad as they are.

www.accessasia.co.uk Irreverent look at the unseemlier things going on in China and at time the DPRK

www.kancc.org/english/index.php Korean American national co-ordinating council.

Economy

www.nkeconwatch.com North Korea Economy Watch. This website, maintained by Curtis Melvin of Virginia, is very well organised and archived, fielding news, reports and studies of the DPRK from a great range of online sources covering almost every conceivable facet of the changes facing the state and its people, within and without.

www.kbc-global.com The very handsome website of the Korean Business Consultants company, working to bring understanding and investment to the DPRK.

www.eucck.org The EU Chamber of Commerce in Korea, covering the official EU plans and positions for its role in both Koreas.

www.uktradeinvest.gov.uk Homepage for the UK's department of trade and investment, exports, and that.

www.unicef.org

General travel information

www.koryotours.com Website for the pioneering Beijing-based Koryo Tours company.

www.vnc.nl/northkorea Netherlands-based VNC Asia Travel company's handsome website with an informative travelogue in English.

www.cia.gov/cia/publications/factbook Must be true.

www.fco.gov.uk British Foreign and Commonwealth Office.

www.regent-holidays.co.uk Reaches the parts others don't

www.exploreworldwide.co.uk

Humanitarian/AID

www.mercycorps.org/countries/northkorea Mercy Corps has supplied fish and fruit trees for farm projects in the DPRK.

www.caritas.org Catholic aid organisation.

www.unicef.org

www.fao.org Homepage of the UN's Food and Agriculture Organisation, the NGO along with the World Food Programme most recognised for its good works in the DPRK.

www.wfp.org World Food Programme homepage.

DRPK friendly sites

www.korea-dpr.com Korean Friendship Association and the 'official webpage' for the Democratic People's Republic of Korea

www.kcckp.net/en, or 'naenara' The DPRK's most frequent English-language publications, namely the *Pyongyang Times*, *Korea*, *Korea Today* and *Foreign Trade*, which are excellent publications to get the look, feel and themes of the state's output and outlook, are all accessible online through the 'naenara' website.

www.dprkorea.com Chinese language site about the DPRK, its media, including newspapers *Minju Choson* and *Nodong Sinmun*.

http://ndfsk.dyndns.org National Democratic Front of South Korea unifcation party and into abolition of US colonial rule in south Korea

www.chongryon.com News and views of the General Association of Korean Residents in Japan.

www.korea-dpr.com/users/jisge/ Juche Idea Study Group of England

www.cnet-ta.ne.jp/juche/defaulte.htm International Institute of the Juche Idea.

www.ournation-school.com Kim Il Sung Open University website dedicated mostly to juche.

www.hiddenhistory.info/Links.htm Collection of links about the DPRK.

www.goethe.de/ins/kp/pyo/deindex.htm The Goethe Institute has a Goethe Information Centre in Pyongyang (*Goethe Institute, Chollima Culture House, Jonggwang St 8–33, Pyongyang*)

www.goethe.de/seoul

Index

Page numbers in **bold** refer to major entries, those in *italics*, indicate maps